아시아문화연구소　Asia+ 시리즈 1

중국 길상문화

중국 길상문화

초판 1쇄 인쇄 2018년 11월 23일
초판 1쇄 발행 2018년 11월 30일
지은이 이기훈
펴낸이 이방원
편 집 윤원진 · 김명희 · 안효희 · 강윤경 · 홍순용
디자인 박혜옥 · 손경화 **영업** 최성수 **마케팅** 이미선
펴낸곳 세창출판사
출판신고 1990년 10월 8일 제300-1990-63호
주소 03735 서울시 서대문구 경기대로 88 냉천빌딩 4층
전화 02-723-8660
팩스 02-720-4579
이메일 edit@sechangpub.co.kr
홈페이지 http://www.sechangpub.co.kr

ISBN 978-89-8411-789-1   04910
      978-89-8411-788-4(세트)

이 도서의 국립중앙도서관 출판시도서목록(CIP)은 서지정보유통지원시스템 홈페이지(http://seoji.nl.go.kr)와
국가자료공동목록시스템(http://www.nl.go.kr/kolisnet)에서 이용하실 수 있습니다. (CIP제어번호: CIP2018038688)

이 저서는 국립아시아문화전당의 지원을 받아 수행된 연구입니다.

아시아문화연구소   Asia+ 시리즈 1

중국 길상문화

이기훈 지음

세창출판사   A·C·C
ASIA CULTURE CENTER

AUSPICIOUS CULTURE OF CHINA

차례

일러두기

1. 각종 지명, 인명, 제도 등 고유명사는 독자의 이해를 돕기 위해 우리말 독음과 한자를 병기하기로 한다. 다만 '점심(點心)', '향항(香港)'보다는 '딤섬(點心)', '홍콩(香港)'으로 표현하는 것이 더 익숙하고 보편화된 단어와 원음으로 표기하는 것이 의미 전달에 유리할 때는 중국어 발음으로 표기한다.

2. 문장을 인용한 경우 우리말 풀이와 원문을 병기한다. 다만 원문이 긴 경우에는 미주로 처리한다.

3. 부연 설명이 필요할 때는 [ ] 부호를 사용하였다.

4. 앞부분에 이미 표기된 한자는 되도록 중복해서 사용하지 않는다.

5. 중요 단어와 강조 단어는 ' ' 부호를, 중요 문장과 인용 문장은 " " 부호를 사용하였다.

6. 저서에는 『 』 부호를, 논문·글·시에는 「 」부호를, 그림·음악·영화·만화에는 〈 〉부호를 사용하였다.

프롤로그
길상의 의미와 유래

　인류가 탄생한 이래로 '길흉(吉凶)'에 관한 관심은 끊임없이 지속되어 왔다. 그중 길함은 추구의 대상이 되었을 것이고, 흉함은 기피의 대상이 되었을 것이다. 두 가지는 성격을 달리하지만 추구와 기피라는 차이가 있을 뿐 사람이 살아가는 데 있어 그 경중을 따지기는 어렵다. 다만 사람은 불길한 상황 속에서도 긍정적인 사고와 방식으로 어려움을 헤쳐 나간다거나 인간사에 있어 최대의 지향점이 행복한 삶이라는 것을 전제할 때, 사람들은 역시 '길(吉)'에 우선 순위를 두지 않았나 하는 생각이 든다. 그래서 일상생활 중 중요한 일이 순조롭게 성취되길 바라거나 혹은 운수가 좋거나 경사가 생길 것 같은 조짐이 보일 때 바로 '길상(吉祥)'을 말하였다.

　중국인들은 문자를 사용하고 사회활동을 하기 시작하면서부터 '길상'을 표현하고 상징하기 시작하였다. '길'에 관한 문헌상의 기록은 아마도 『주역(周易)』이 처음인 것 같다. 「계사상(系辭上)」에는 "길은 이롭지 않은 것이 없는 것이다(吉, 無不利)"라고 하였다. 『일주서(逸周書)』「무순(武順)」에는 "예와 의가 있고 순조로우며 상서로운 것을 길이라고 말한다(禮義順祥曰吉)"라고 하였다. 또 『설문해자(說文解字)』에서는 "길은 선함이다(吉, 善也)"라고 풀이했다. '상(祥)'에 관해서도 『주역』「계사상」에서는 "길한 일에는 상서로움이 있다(吉事有祥)"라고 하였고, 『설문해자』에서는 "상은 복이다(祥, 福也)", 『이아(爾雅)』에서는 "상은 선이다(祥, 善也)"라고 설명하였다.

이렇게 '길'과 '상'은 동일한 개념으로 인식되었으며 오래전부터 연용(連用)되어 왔다. 본격적으로 '길상'이란 한 단어로 쓰인 기록을 살펴보면 다음과 같다. 『장자(莊子)』「인간세(人間世)」에는 "저 문 닫힌 집을 보라, 비어 있는 방에 햇살이 비치니 길상은 고요한 곳에 머무르는 것이다"라는 말이 있는데, 성현영(成玄英)의 『장자소(莊子疏)』에서 "길은 복과 선함을 나타내는 일이고, 상은 즐겁고 경사스러움을 나타내는 징조이다"[2]라고 설명하였다. 또 『사기(史記)』「범저채택열전(范雎蔡澤列傳)」에는 다음과 같은 내용이 있다. 채택이 응후(應侯)에게 자신을 변론하며 "그 은택은 천 리에 퍼지고 대대로 그를 칭송함이 끊어지는 일이 없어서 천지와 함께 처음과 끝을 같이한다면 이것이야말로 도덕의 효력으로서 성인께서 말하는 길상선사가 아니겠습니까?"[3]라고 하였다. 이처럼 길상은 지극히 아름답고 상서로운 징조이며 성인이 추구하는 최상의 선이며 도덕이다.

그림 1 　중국에서 흔히 볼 수 있는 길상장식품. 길함을 상징하는 붉은 천에 왼쪽에는 초재진보(招財進寶)의 합체자(合體字)가, 오른쪽에는 '복(福)' 자가 자수로 새겨져 있고 잉어, 홍등, 복숭아 등 각종 길조의 상징물이 함께 있다.

　　이와 같은 이유로 중국인들은 전통적으로 "뜻한 대로 길상을 이룬다(吉祥如意)"는 희망과 염원을 복장, 음식, 건축 등 모든 생활문화공간에 삽입하여 상징적으로 표현하였다. 이에 따라 크고 작은 여러 종류의 소망을 구체적 사물이나 글자 혹은 추상적인 그림으로 만들게 되니, 자연스럽게 길상을 상징하는 아이콘이 등장하게 된다. 이를 길상물(吉祥物) 또는 길상부호(吉祥符號)라고 하는데 동식물의 자연유기물에서부터 서권(書卷), 술잔 등 인공조형물, 신화나 전설에서 비롯된 추상적인 형상까지 그 종류가 매우 다양하다. 예를 들어 전설에 등장하는 신수(神獸)인 기린(麒麟)은 민간에서 "기린이 자식을 가져다준다(麒麟送

子)”라는 말이 생겨 귀한 자손을 생산하고 또 그 자손이 지혜롭고 현명하기를 기원하는 상징이 되었다. 그래서 자손이 결혼하거나 지인이 득남을 할 때면 기린이 그려진 그림이나 물건을 선물한다.

또 물고기 ‘어(魚[yú])’는 표의(表意)문자인 한자에서 자주 보이는 해음(諧音) 즉 동음이의어(同音異義語)로 ‘여유, 남김, 넉넉함’을 뜻하는 ‘여(餘[yú])’로 상징되어 수많은 길상도안(吉祥圖案)으로 탄생하였다. 중국 가정에서 흔히 볼 수 있는 연화(年畵)나 전지(剪紙)에 물고기 도안이 등장하고 명절에 먹는 떡의 일종인 연고(年糕)나 딤섬(點心)에 물고기 모양이 많은 이유가 여기에 있는 것이다. 그저 평범한 물건인 화병(花甁)과 말안장(馬鞍)은 병(甁[píng])과 안(鞍[ān])을 조합해 평안(平安[píngān])이라는 의미로 재탄생하였다.

흥미로운 것은 이러한 길상문화가 그저 현대와 단절된 과거에만 존재했던 구유물이 아니라는 점이다. 신해혁명(辛亥革命)으로 봉건제도가 무너지고 사회주의국가 건설로 새로운 사상가치가 대두되었으며 문화대혁명(文化大革命)으로 전통문화가 모조리 부정되는 과정을 거쳤음에도 불구하고 오늘날 중국인의 삶 속에는 여전히 길상이 존재하고 있다. 지금의 중국은 세계교역규모, 외환보유고, 외국인직접투자(FDI) 1위의 경제대국에 올랐고, 스텔스기와 항공모함을 보유한 군사기술과 달에 유인우주선을 쏘는 최첨단 우주항공기술을 지니고 있다. 하지만 사람들은 여전히 대문 앞에 ‘복(福)’이란 글자를 거꾸로 붙이고, ‘8’이란 숫자가 연속해 들어간 차량 번호판이 경매에서 호가에 팔리고 있다. 우리나라를 찾는 많은 중국 관광객들이 이화(梨花)여대 앞에 가서 기념사진을 찍는 독특한 행동을 이해하려면 바로 이 '길상문화'를 알아야 한다.

이 책에서는 필자가 여태껏 관심을 두었던 중국인들의 길상문화를 다섯 가지 주제로 나누어 이야기해 보고자 한다. 그 첫 번째 이야기는 바로 '민간연화와 길상'이다. 연화는 1년간의 행복을 기원하는 뜻에서 정월에 민가의 문이나 실내에 장식하는 그림의 일종이다. 그 소재는 동식물, 풍경, 고사 인물 등으로 다양하며 복과 장수, 건강과 안녕, 다산과 풍요 등의 염원을 내포하고 있어 그 자체로 길상이다.

연화는 일찍이 오대(五代)부터 민간에서 유행하였고, 북송(北宋)의 수도 변경(卞京)에는 전문적으로 연화를 파는 점포가 있었다고 한다. 명·청대(明淸代) 들어 출판인쇄술이 발달하자 대량으로 유통되었는데, 소위 천진(天津) 양류청(楊柳靑), 산동(山東) 양가부(楊家埠), 소주(蘇州) 도화오(桃花塢), 개봉(開封) 주선진(朱仙鎭), 하북(河北) 무강(武强), 사천(四川) 면죽(綿竹)의 6대 중심 지역이 유명하다. 지역마다 다양한 소재와 양식의 연화를 생산하는데, 가령 양류청에서 생산된 〈복수강녕(福壽康寧)〉이란 연화에는 거문고가 놓인 탁자 위에 한 아이가 손에 복사꽃 가지를 들고 공중에서 내려오는 박쥐 한 마리를 쳐다보고 있다. 여기서 박쥐가 왜 '복(福)'을 상징하고 복사꽃이 왜 '수(壽)'를 상징하는지 그 길상의 의미와 유래를 하나하나 풀어 보고자 한다.

두 번째 이야기는 '전통 노포와 길상'이다. 중국에서는 노포(老鋪)를

'노자호(老字號)'라고 하는데, 수백 년의 역사를 이어 오며 중국 민족의 문화를 계승해 온 전통 기업을 말한다. 현재 상무부(商務部) 산하 중화 노자호 진흥발전위원회(中華老字號振興發展委員會)에서 엄격한 심사를 거쳐 정식 지정·관리하고 있다. 이윤을 추구하는 장사꾼들에게 있어 길상은 더더욱 의미가 크다. 사업이 크게 번창하기를 바라며 길상을 이용해 상호를 정하고, 길일을 택해 개점하며, 길상의 뜻이 담긴 상징물로 점포를 장식하고 제품을 포장한다.

오래된 점포인 노자호에게 길상은 너무나 익숙하고 밀접한 것인데, 특히 상호와 제품명에 두드러지게 나타나고 있다. 가령 120년의 역사를 자랑하는 북경의 유명한 비단가게 서부상(瑞蚨祥)은 이미 상호명에 길상을 의미하는 '서(瑞)'와 '상(祥)'을 사용하고 있고, 가운데 '부(蚨)'는 본래 '파랑강충이'란 벌레인데, 이것이 어떠한 고사에서 무엇 때문에 금전을 상징하는 길상물이 되었는지 그 유래에 대해 알아보고자 한다.

세 번째 이야기는 '현대 기업과 길상'이다. 최첨단 과학기술과 최신 유행 아이템을 생산하는 현대 기업들도 길상을 회사의 심벌마크로 삼고, 신제품의 브랜드명에 길상의 의미를 담기도 하며, 길상으로 광고 카피를 만들기도 한다. 가령 중국의 3대 통신사 가운데 하나인 '차이나 유니콤'의 심벌마크가 중국결(中國結)이란 것은 중국 문화에 관심 있는 사람이라면 누구나 알고 있지만, 그것이 결승(結繩)문화에서 비롯되었으며 불가(佛家)의 팔보(八寶) 즉 팔길상(八吉祥) 가운데 하나인 반장결(盤長結)인 것을 아는 사람은 많지 않다. 따라서 3장에서는 이와 같이 기업에서 전략적으로 활용하는 길상에 얼마나 다양하고 심원한 중국 역사와 문화가 담겨 있는지를 다룰 예정이다.[*]

네 번째 이야기는 '취미활동과 길상'이다. 취미활동의 범위는 다양하고도 넓다. 중국인들의 취미활동에 대해 논하자면 별도의 책으로 출간할 수 있을 정도이므로 4장에서는 주로 동식물을 키우는 일에 국한하고자 한다. 중국인들의 동물 사랑은 유난해서 개와 고양이는 말할 것도 없고 다양하고 희귀한 동물을 많이 키우고 있다. 우리에게는 차우차우(Chow Chow)라는 이름으로 더 잘 알려진 송사견(松獅犬)이나 페키니즈(Pekingese)[북경견(北京犬), 경파견(京巴犬)]는 모두 고대 황실에서 키웠다고 하여 재화와 권력을 상징해 인기가 많다. 살아 있는 화석으로 불리는 대형 담수어 아로와나(Arowana)[금룡어(金龍魚)]는 예부터 전해진 어룡(魚龍)고사를 바탕으로 길상어로 알려져 중화권에서는 부호들의 저택을 장식하는 필수 아이템이다.

매우 중국적이면서 오랜 역사를 지니며 길상과 관련이 깊은 것으로는 귀뚜라미[실솔(蟋蟀)]를 꼽을 수 있다. 매년 가을이면 중국 곳곳에 귀뚜라미 시장이 열리는데, 특히 산동 영양(寧陽)은 북방 최대의 곤충 거래시장이 형성되어 '귀뚜라미 도시(蟋都)'란 별칭이 있을 정도이다. 지금도 인근 농촌에서는 귀뚜라미를 '부를 쌓아 주는 곤충(致富蟲)'으로

---

[*] 3장의 내용은 졸고 「중국 기업의 심벌마크(Symbolmark, 標志) 속 전통문화 알아보기」(2012)를 참고하여 기술하였음을 밝힌다.

중국 길상문화

여기며, 귀뚜라미가 농가의 중요한 수입원이 되고 있다. 보통 곤충은 기피와 혐오의 대상인데 굳이 귀뚜라미를 키우고 또 '귀뚜라미 싸움(鬪蟋蟀)'과 같은 여가를 즐겼다 하니, 도대체 이런 문화는 언제 어떻게 생겨난 것일까? 북경의 골동품시장 반가원(潘家園)에서는 도자기, 서화(書畫), 가구 같은 물품뿐 아니라 청나라 때 만들어진 조각 장식이 있는 목제 귀뚜라미통도 볼 수 있다. 근래엔 도자기로 만들어진 명 만력제(萬曆帝) 때의 귀뚜라미통이 홍콩 경매에서 90만 달러(한화 약 1억 3천만 원)에 거래되기도 하였다. 실상이 이렇다 보니 중국인들의 남다른 귀뚜라미 사랑과 그 안에 담긴 길상문화를 살펴보지 않을 수 없다.

다섯 번째 이야기는 '먹을거리와 길상'이다. 중국은 예부터 "임금은 백성을 하늘로 삼고, 백성은 음식을 하늘로 삼는다(王者以民人爲天, 而民人以食爲天)"고 하였고, "약과 음식의 근원은 다르지 않고, 먹고 마시는 것은 그 자체로 덕이다(藥食同源, 飮和食德)"라고 하였다. 그만큼 먹는 일은 중국인들에게 소중한 것인데, 여기에 길상이 빠질 리가 없다.

음력설이면 온 가족이 모여 함께 만들어 먹는 '교자(餃子[jiǎozi])'가 동음이의어로 '교자(交子[jiāozi])' 즉 "자시(子時)를 교대(交代)한다[해를 바꾼다]"를 의미한다는 것과 정월대보름에 먹는 '탕원(湯圓[tāngyuán])'이 동음이의어로 흩어졌던 가족이 다시 모이고 가족이 단란하게 지낸다는 뜻의 '단원(團圓[tuányuán])'을 의미하는 것도 일종의 길상문화이다. 또 특이한 것으로 빙탕후루(氷糖葫蘆)가 있다. 이것은 주로 산사(山楂)라는 열매를 꼬치로 만들어 설탕물을 묻힌 뒤 얼려서 파는 간식인데, 그 모양이 호로(葫蘆[húlu]) 즉 조롱박 같다고 하여 붙여진 이름이다. 요새 사람들의 취향에 맞추어 딸기, 바나나 등을 가지고 만들기도 하는데, 호로가 동음이의어로 '복록(福祿[fúlù])'을 뜻하는 길상물인 것은 잘 알려지지 않았다. 고대부터 조롱박과 관련된 신화와 전설이 내려오고 다양한 고사가 전해지고 있어 5장에서 자세히 다루고자 한다.

이 책에서는 상술한 대로 민간연화, 전통 노포, 현대 기업, 취미활동, 먹을거리의 다섯 가지 항목을 기준으로 길상문화를 설명하고자 한다. 비록 이 다섯 가지 분야가 중국인의 모든 길상문화를 대변한다고는 말할 수 없지만, 그 안에는 과거와 현재, 민간과 기업, 원초적인 본능에서 후천적인 취향까지 담고 있어서 모든 중국인이 보편적으로 공유하는 길상문화를 충분히 반영한다고 생각한다. 각 소재마다 그 유래를 면밀히 조사하고 이를 상세하게 풀이하여 현대 중국 사회에 생생하게 사용되고 있는 모습을 보여 줌으로써 중국에서 길상문화가 얼마나 뿌리 깊게, 보편적으로 자리 잡고 있는지를 인식해 보고자 한다.

1장

민간연화와 길상

연화의 기원과 개념

연화(年畵)는 요사스러운 귀신을 물리치는 벽사(辟邪), 좋은 기운을 북돋는 진경(進慶)과 길상(吉祥), 잘못을 경계하는 감계(鑑戒) 등을 목적으로 해가 바뀌면 가정과 점포의 문이나 벽에 붙이는 민화의 한 종류이다. 연화는 곧 중국인의 삶에 대한 욕망과 염원이 함축적으로 반영된 일종의 '문화 아이콘'이다. 즉 중국인의 욕망과 염원을 시각적 기호의 조합을 통해 형상화한 이미지라고 말할 수 있다. 연화는 당·송대를 시작으로 명·청대를 거쳐 현재에 이르기까지 지속적으로 발전되어 왔기에 각 시대, 각 지역, 각 계층의 욕망을 통찰하는 데 중요한 단서가 된다.

연화의 기원에 관해서는 여러 가지 설이 분분하다. 보통 당대(唐代)의 판본일력서(달력) 및 도교와 불교의 존상화에서 비롯되었다고 하는데, 일찍이 오대(五代) 이전의 화기(畵記)나 문신(門神: 연말연시에 복을 구하기 위해 문에 붙이는 그림)에서도 그 초기 형태를 찾아볼 수 있다. 연화는 송대(宋代) 이후 급속히 유행하는데 이는 경제적으로 번영하면서 현실을 반영하는 세속적인 그림들이 환영받았던 것과 관련 있다.[4] 맹원로(孟元老)의 『동경몽화록(東京夢華錄)』에는 "근래 들어 연말연시면 저자에서 문신, 종규(鐘馗), 도판(桃板)과 도부(桃符), 재문둔려(財門鈍驢), 회두녹

그림 2   광주(廣州) 진가(陳家) 사당 대문에 그려진 문신(門神)

그림 3 〈구구소한시도(九九消寒詩圖)〉, 청, 하북 무강(武强). 소한시도는 동지 후 81일 동안 새해의 풍년을 기원하면서 겨울 추위를 지낸다는 내용을 담은 그림이다.

마(回頭鹿馬), 천행첩자(天行帖子)*를 인쇄하여 판매하였다"[5]라고 하였고, 또 "주작문 바깥에서 주교 서쪽까지를 과자행이라 부르는데 그곳에서도 지화(紙畵)는 역시 끊이지 않고 판매되었다"[6]라는 기록이 있다. 이로 보아 당시 대중들이 새해를 앞두고 길상과 벽사를 위한 여러 가지 소재의 그림을 사는 일이 보편화되었음을 알 수 있다.

명대(明代)에는 새해에 붙이는 그림을 '화첩(畵貼)'이라고 불렀다. 유

---

* 종규(鐘馗): 당나라 현종이 꿈에 귀신을 퇴치하는 신 '종규'를 본 전설에 기원해 만들어진 그림.
  도판(桃板)과 도부(桃符): 고대에 복숭아가 귀신을 쫓는 기능이 있다 하여 복숭아나무판에 그린 그림.
  재문둔려(財門鈍驢): 비록 아둔한 당나귀이지만 땔감을 싣고 다니고, 땔감 시(柴[chái])가 재물의 재(財[cái])와 발음이 같아 재물을 가져온다는 의미로 그린 그림.
  회두녹마(回頭鹿馬): 고개를 돌린 사슴이란 뜻으로, 사슴 녹(鹿[lù])이 복록의 록(祿[lù])과 발음이 같아 자녀의 복록을 기원하는 의미에서 그린 그림.
  천행첩자(天行帖子): 천행 즉 하늘의 운행을 통해 복을 구하는 그림.

약우(劉若愚)의 『작중지(酌中志)』에서 동지 이후에 "실내에 대다수 〈면양인자(綿羊引子)〉라는 화첩을 걸었고, 사례감에서는 〈구구소한시도(九九消寒詩圖)〉를 인쇄하였다"[7]라고 기록한 것에서 그 예를 찾아볼 수 있다.

연화라는 명칭은 청대 도광(道光) 29년(1849) 이정광(李庭光)의 『향언해이(響言解頤)』에서 처음 사용되었다. 그중 「새해를 맞이하여 하는 열 가지 일(新年十事)」이라는 절(節)에 보면 문신, 춘련(春聯), 소사(掃舍), 연화 등이 나열되고 있는데, 연화에 대해 다음과 같이 말하고 있다. "집안 청소 후에는 바로 연화를 붙이는데, 어린아이들의 재밋거리일 뿐이다. 하지만 〈효순도(孝順圖)〉, 〈장가망(莊稼忙)〉 같은 그림은 어린아이에게 보도록 하고 그것에 관해 해설을 해 주고 있으니, 바르게 양육하는 첫걸음이라 말하지 않을 수 없다."[8] 이로써 청대나 되어서야 연화라는 말이 생기지만, 실제로 연화는 오랜 기간을 거쳐 중국인들의 일상 속에 자리 잡고 있음을 확인할 수 있다.

길상 그 자체인 연화

그렇다면 연화에 있어서 길상은 어떠한 의미를 갖는가? 연화 연구자 시젠예(郗建業)는 "연화의 탄생은 본래 민중들이 삶의 터전을 일구고, 이득을 추구하며, 해로움을 피하는 실리적인 바람에 기인한 것이다. 오래전부터 사람들은 평안과 부귀를 바라고, 뜻한 대로 이루기를 기원하여 새해를 보내며 연화를 붙였는데, 분위기도 띄우면서 축복·경사·수확·길조의 의미를 부여한다"[9]라고 설명하였다. 이처럼 연화는 민간에서 자연 발생하였으며 그 기원 자체가 길상에서 비롯되었다고 볼 수 있다. 즉 길상연화는 인간의 가장 원초적인 욕망과 바람을 상징적으로 드러내는 도구이자 작품이다. 청대 민간에서는 "그림에는 반드시 의미가 있어야 하고, 그 의미는 반드시 길상으로 나타낸다(圖必有意, 意必吉祥)"라는 말이 있을 정도였다. 그만큼 모든 그림에서 길상을 추구하는 풍조가 만연했음을 알 수 있다.

연화에서 나타나는 길상의 소재 또한 다양하고 풍부하다. 왕슈춘(王樹村)은 『왕슈춘 소장 중국 정품연화(王樹村藏中國精品年畵)』(2004)에서 연화의 제재로 모두 일곱 가지를 제시하는데, 그중 '길상희경류(吉祥喜慶類)'로 다음의 내용을 나열하고 있다.

> 기린강서(麒麟降瑞): 기린이 상서로움을 내리다.
> 천사황금(天賜黃金): 하늘이 황금을 내리다.
> 재신고문(財神叩門): 재신이 문을 두드리고 들어오다.
> 오자등과(五子登科): 다섯 아들이 모두 과거에 급제하다.
> 풍년길경(豊年吉慶): 풍년이 오고 경사가 나다.
> 연중삼원(連仲三元): 향시(鄕試)·회시(會試)·전시(殿試)에 잇달아 장원
> 　　　　　　　으로 급제하다.

마상봉후(馬上封侯): 머지 않아 제후로 임명되다.

부귀영화(富貴榮華): 재산이 많아지고 지위가 높아지다.

오곡풍등(五穀豊登): 오곡이 풍성하게 열리다.

섬궁절계(蟾宮折桂): 두꺼비 궁(달)에서 계수나무를 꺾다. 즉 과거에
            합격하다.

장원유가(壯元游街): 장원에 급제하여 거리를 행차하다.

발복생재(發福生財): 복을 받고 재물이 생기다.

연년유여(連年有餘): 해마다 여유가 생기다.

용봉정상(龍鳳呈祥): 용과 봉황이 상서로움을 주다.

사계평안(四季平安): 사계절 내내 평안하다.

취소인봉(吹簫引鳳): 퉁소를 불어 봉황을 이끌다.

만상회춘(萬象回春): 만물이 봄기운처럼 생기가 돌다.

복수쌍전(福壽雙全): 복과 장수를 모두 갖추다.

복수강녕(福壽康寧): 복·장수·건강·안녕을 바라다.

인재양왕(人財兩旺): 사람도 재물도 모두 왕성하다.

금옥만당(金玉滿堂): 금과 옥이 온 집안에 가득하다.

이렇게 스물한 가지에 달하는 그림들 중에는 중복되는 소재를 다
루는 것도 있지만 그 구체적인 묘사는 각기 달라서 연화의 표현방식
이 얼마나 다양한지를 보여 준다.

또 주목할 만한 것은 이처럼 다양한 소재들이 연화라는 함축적이

그림 4 〈오자탈괴(五子奪魁)〉, 청 중엽, 강소 양주(揚州). 〈오자등과〉와 동일한 소재의 그림으로, 다섯 동자가 관직을 상징하는 투구를 차지하고자 경쟁을 벌이고 있다.

고 상징적인 도안과 부호로 만들어지게 된 배경에는 모두 역사적 연원이 담겨 있다는 점이다. 예를 들어 자식이 입시를 앞둔 집안에서 자주 붙이는 〈오자등과(五子登科)〉라는 연화는 다음과 같은 역사 사실이 그 모티브가 된다. 오대 말 후주(後周)의 탁주(涿州) 범양(范陽) 땅에 우간의대부(右諫議大夫)까지 역임한 두우균(竇禹鈞)이란 관리가 있었다. 그는 매우 검소하였지만 교육에는 엄청난 열의가 있었다. 그는 의숙(義塾)이라는 공부방을 짓고 여기에 만권의 서적을 모아 생원들에게 무료로 사용하도록 하였다. 동시에 유생들을 청해 가난한 학생들에게 강학하도록 하였다. 그런 그에게 다섯 아들이 있었는데 역시 훌륭한 선생을 모셔 엄격하게 교육을 시켰고, 모두가 총명하여 주변에서 '두씨오룡(竇氏五龍)'이라 칭송하였다.

과연 이 다섯 아들이 훗날 모두 진사에 합격하고 관직에 오르게 되었으니 이것이 널리 알려져 '오자등과'라는 고사를 탄생시켰다. 이 고사는 후대에 민간의 예인(藝人)들에 의해 연화로 탄생하게 되었다.

이처럼 길상연화는 외형적으로는 단순한 도안과 부호로 그려진 단편의 지면에 불과하지만, 기능적으로는 일반 대중들의 희망과 염원을 담은 메시지이며, 내면적으로 무궁한 역사를 담고 있는 고대 중국 사회의 문화적 산물이다. 연화는 민간의 원초적인 욕망을 뜻하지만 현대인들이 물질을 탐닉하는 것처럼 조급하거나 천박하지 않다.

연화는 새해에 온 가족이 모여 앞으로 다가올 한 해가 희망차고 복되기를 기원하고 계획하는 의식이다. 또 일회성으로 그치는 것이 아니라 일 년 내내 집안에 붙여 두어 바라볼 때마다 기원하고 희망하는 진지하고도 절실한 마음이다. 또한 부모는 그 상징과 내용을 통해 아이를 계도하고, 어른들은 스스로를 편달하는 교육적 매체가 되기도 한다. 이러한 점들이 모두 연화의 문화적 연구가치성을 시사하고 있으며, 우리가 주목해야 할 이유이기도 하다. 그렇다면 이제부터 본격적으로 길상을 소재로 한 연화들을 살펴보자.

대나무가 쑥쑥 자라듯 안녕하기를!

먼저 〈죽보평안(竹報平安)〉그림 제목의 기원부터 알아보자. 만당(晚唐) 문인 단성식(段成式)의『유양잡조(酉陽雜俎)』속집 권10「지식하(支植下)」에 다음과 같은 글이 있다. "위공(衛公) 이정(李靖)이 말했다. '북도(北都) 동자사(童子寺)에 대나무 군락이 있는데, 길이가 수척에 불과하다.' 이 절의 원주승이 매일같이 이 대나무가 평안함을 알렸다고 전한다."[10]

북도는 즉 진양(晉陽)을 말하는데 지금의 산서성(山西省) 태원시(太原市) 서남쪽에 해당한다. 동자사는 바로 이 진양 서쪽의 용산(龍山)에 있는 절로 북제(北齊) 때 창건되었는데, 수·당대까지도 황실의 사원이었

그림 5 〈죽보평안(竹報平安)〉, 청초, 천진 양류청.

다. 대나무가 잘 자라고 있는지를 매일같이 살피고 보고했다는 이야기에서 생긴 '죽보평안'이란 말은 평안함을 알리는 말로 사용되었고, 이후 외지로 출타하는 사람들이 평안하기를 비유하는 말로 쓰이거나 '가족에게 평안함을 전하는 편지(平安家信)'라는 말로 대체되었다. 본 연화 역시 한 해 동안 가족들의 안녕을 기원하는 마음에서 붙인 것이다.

이 그림에서는 한 동자가 손에 대나무 가지를 들고 가슴에 꽃병을 안고 있는데, 병(瓶)과 평(平)은 모두 '핑[píng]'이라는 발음으로 '평안함'을 상징하고 있다. 그리고 양옆에는 두 여인이 있는데 한 사람은 의자에 앉아서 앵무새와 놀고 있고, 또 한 사람은 손에 여의(如意: 불교에서 설법 시에 사용하는 도구)를 쥐고 그 모습을 바라보고 있다. 복식이나 치장 그리고 실내의 각종 기물을 통해 귀족 가문의 여인들임을 유추할 수 있다.

민간에서는 죽보평안에 대해 다음과 같은 전설이 전해지고 있다. 남쪽 산에 산소(山魈)라고 불리는 악귀가 사는데, 사람 얼굴에 원숭이 몸통을 하고 팔 하나, 다리 하나만을 가진 기이한 형체였다. 거기다 붉은 눈을 하고 온몸은 검은 털로 가득했다. 산소는 나무 위에 둥지를 틀었는데, 그 입구는 매우 작게 만들고 둥지 겉은 온통 붉고 하얀 진흙으로 칠했다. 이 산괴는 산속 개울에서 민물가재 등을 잡아먹곤 했는데 불을 쬐면 추위를 막을 수 있다는 사실을 우연히 알게 되었다. 하지만 불을 피울 줄 몰라 자주 인간들의 불을 빼앗았다. 처음엔 산속에서 나무를 하는 사람들에게 불을 빼앗더니 점차 숲 밖으로 나오기 시작했고, 결국 마을까지 들어와 소란을 피웠다.

산소의 출현에 골치를 앓던 사람들은 마침 그가 대나무를 태울 때 나는 팡팡 터지는 소리를 무서워한다는 것을 발견하고 이를 이용하였다. 특히 산소가 자주 나타나는 추운 연말이면 온 마을 사람들이 대나무를 준비하여 함께 대나무를 태워서 큰 소리를 만들었다. 이것이 점차 하나의 의식으로 발전하게 되었고 연말부터 새해까지 일상적으로 진행하는 전통 풍습으로 자리 잡게 되었다는 설이다. 마침 "대나무를 터뜨린다(竹爆)"는 말과 죽보평안의 '죽보(竹報)'는 '주빠오[zhúbào]'라는 동음을 가지므로 자연스럽게 연화 등의 소재로 사용된 것이다. 그래서 동자들이 폭죽을 터뜨리는 장면은 바로 죽보평안을 표현하는 것으로, 새해에 액운을 막고 길상을 희망하는 하나의 상징이 된 것이다.

박쥐는 복을 가져다주는 동물

〈복수강녕(福壽康寧)〉 그림의 맨 좌측에는 거문고를 놓는 탁자가 있는데, 그 위에는 한 어린아이가 손에 복사꽃 가지를 쥐고서 공중에서 내려오는 붉은 박쥐 한 마리를 돌아다보고 있다. 중앙에는 중국 전통 가구인 반원형의 월아(月牙) 죽탁(竹桌)이 놓여 있다. 월아 탁자는 그 기원을 정확히 알 수는 없지만 대략 명대부터 보편적으로 사용했던 가구로 보인다. 보통 월아 탁자 두 개가 한 세트로, 평상시 절반은 식탁으로 사용하고 나머지 절반은 제사용으로 사용하다가 명절이나 손님을 맞이할 때 다시 원탁으로 만들어 '온 가족이 단란하게 한자리에 모이는(團圓)' 데 큰 역할을 한다.

탁자 위에 있는 붉은색 보병(寶瓶)에 솔가지가 꽂혀 있고, 그 옆에는 산호와 공작 깃털이 꽂혀 있다. 모두 귀족 가문의 집안에서 볼 수 있는 값비싼 물건들이다. 탁자를 가운데 두고 왼쪽 여인은 탁자에 기대어 서 있고, 오른쪽 여인은 의자에 앉아 파초선을 들고 있다. 두 사람 모두 머리에 꽃 장식을 하고 어린아이를 바라보며 흐뭇한 표정을 짓고 있다.

『구양문충공집(歐陽文忠公集)』의 「두기공의 묵적에 대한 발문(跋杜祁公

그림 6 〈복수강녕(福壽康寧)〉, 청초, 천진 양류청.

중국 길상문화

墨蹟)」에 "설날에 아랫사람들을 이끌고 안부를 여쭙고자 거동하여 복수강녕(福壽康寧)한 공의 모습을 뵈었는데, 대화하고 웃으며 지칠 줄 몰랐다"[11]라는 표현이 있는 것으로 보아 '복수강녕'이란 꽤나 오래된 말인 것 같다. 박쥐 복(蝠) 자와 복 복(福) 자는 모두 '푸[fú]'라는 음으로 동음이의어가 된다. 복숭아는 '수(壽)'를 상징하는데, 이러한 길상의 소재들을 사용해서 온 가족이 행복하고 장수하기를 기원하고 있다.

불로장생은 역시 복숭아

길상을 나타내는 연화에서 장수를 기원하는 내용이 빠질 수 없고, 장수를 기원하는 데 복숭아를 빼놓을 수 없다. 송대 육전(陸佃)이 지은 일종의 훈고서(訓詁書)인 『비아(埤雅)』에는 "바다 위에 반도라는 복숭아가 있는데 3천 년이 되어야 익는다. 천 년이 되어야 꽃이 피고, 또 천 년이 되어야 열매를 맺는다"[12]라는 기록이 있다. 꽃피고 열매 맺고 다시 익는 데 도합 5천 년이 걸리는 셈이니 웬만한 장수자가 아니면 먹기 어렵겠다.

전설에 의하면 음력 3월 3일 서왕모(西王母)의 생일날 반도대회가 개최되는데, 신선들이 모두 모여 생일을 축하한다. 잔치에서 흰 원숭이가 복숭아를 헌상하고, 한나라 환제(桓帝) 때에 고여산(姑餘山)에서 수

그림 7 〈반도대회(蟠桃大會)〉, 청, 산동 유현(濰縣).

도했다는 선녀 마고(麻姑)가 술을 따른 뒤, 노래를 부르고 춤을 추며 즐겁게 놀았다고 한다. 실제로 청대까지만 해도 북경의 동편문(東便門) 근처 호국태평반도궁(護國太平蟠桃宮)에서 매년 음력 3월 3일에 '반도성회(蟠桃盛會)'가 열렸는데, 1987년에 궁은 철거되었다.

　그림 속에서 서왕모는 복숭아밭에 세워진 누각에 앉아 있다. 누각의 양옆으로는 팔선(八仙)이 두 줄로 배열하고 있다. 잔칫상 앞으로 좌측에는 송학(松鶴)과 수성노인(壽聖老人)이, 우측에는 사슴이 배치되어 있다. 그리고 가운데 있는 원숭이가 복숭아를 쟁반에 담아 올리고 있다. 그야말로 장수와 관련된 아이콘이 총출동한 셈이다. 이 그림은 대중들이 바라던 불로장생 사상을 잘 반영하고 있다.

중국 길상문화

자식의 출세를 바라는 어머니의 마음

〈장원급제(壯元及第) 연중삼원(連中三元)〉 그림은 산동 유현 지역의 연화 가운데 크기가 가장 작고 오래된 것으로, 주로 문에 난 창에 붙이는 방문화(房門畵)이다. 마치 데칼코마니처럼 좌우 두 폭이 대칭을 이루도록 붙이는데, 과일과 문자 그리고 채색이 다른 것 외에는 이미지가 기본적으로 동일한 것이 특징이다.

　각 폭마다 여자가 과일나무 아래의 도자기북 모양 의자 위에 앉아

그림 8 　〈장원급제(壯元及第) 연중삼원(連中三元)〉, 청초, 산동 유현.

있는데 좌측 그림에는 손에 향연(香櫞)을, 우측 그림에는 복숭아를 들고 있다. 향연은 운남(雲南) 대리(大理) 지역에서 나는 과일로서 주로 약재로 사용하는데, 속칭 향원(香圓)이라고도 한다. 부처의 손같이 생겼다고 하여 불수(佛手) 또는 불수감(佛手柑)이라고 부르는 과일은 불가에서 길상복록을 의미하는데, 이 불수 또한 향연의 한 종류이다. 그리고 좌측에는 '연중삼원(連中三元)', 우측에는 '장원급제(壯元及第)'가 적혀 있는데, 모두 과거시험에서 얻을 수 있는 최고의 성적을 말한다.

과일을 손에 쥔 여인은 고개를 돌려 관모(官帽)를 가지고 다투는 아이들을 바라보고 있다. 이것은 자식이 성장하여 과거에 장원급제하고 출세하기를 바라는 어머니의 소망을 반영한다. 한편 그림 속에 '일(日)'과 '월(月)'을 쓴 것은 밤낮으로 공부하면 복이 온다는 의미를 내포한다. 자식을 키우고 있는 집안에서 흔히 볼 수 있는 길상연화이다.

재화와 관련된 아이콘의 총출동

〈만재이귀(滿載而歸)〉 그림의 상단 왼편 그림에는 2층 배를 그렸고 그 중심에는 관리가 앉아 있다. 탁자 위에는 금, 은, 원보(元寶)가 가득 놓여 있고 뱃머리에는 한 사람이 징을 치며 길을 열고 있으며 돛 위에는 "만선이 되어서 돌아가다"라는 뜻의 '만재이귀(滿載而歸)'가 적혀 있

그림 9 〈만재이귀(滿載而歸)〉, 청초, 강소 소주.

다. 상단 오른편 그림에는 두 동자가 재물이 끊임없이 솟아난다는 취보분(聚寶盆)을 함께 받치고 있다. 하단 왼편 그림에는 이시선관(利市仙官)과 이시파관(利市婆官)을 그렸는데, 그들은 흔들면 돈이 떨어진다는 나무인 요전수(搖錢樹) 아래 서 있다. 하단 오른편 그림은 계화수(桂花樹) 아래 장선(張仙)이 오른손엔 아기를 안고 왼손에는 활을 쥐고 한 동자와 서 있는 모습이다. 이 네 그림에는 온통 재화와 관련된 길상물이 가득하다.

이시선관은 재신 가운데 하나로 조공명(趙公明)의 제자인 요소사(姚少司)를 말한다. 『봉신연의(封神演義)』에 의하면 이시선관은 다섯 방위에서 재물을 돌본다는 오로재신(五路財神) 가운데 북로재신(北路財神)에 해당한다. 그 외에 중로무재신(中路武財神) 조공명, 동로재신 초보천존(招寶天尊) 소승(蕭升), 서로재신 납진천존(納珍天尊) 조보(曹寶), 남로재신 초재사자(招財使者) 진구공(陳九公)이 있다. 『통속편(通俗編)』의 기록에 의하면 원대(元代) 이후로 민간에서 이시선관의 배우자로 이시파관을 모셨다고 한다. 장선은 송자장선(送子張仙)이라고도 하는데, 민간에는 그가 활을 가지고 액운을 쫓고 아이를 점지하고 또 보호해 주는 신으로 알려져 있다.

평안부귀를 상징하는 결혼놀이

〈평안부귀(平安富貴)〉 그림에서 화병을 든 네 아이는 꽃가마를 타고 시집가는 놀이를 하고 있다. 화병 위에는 수를 놓은 황금색 비단이 덮여 있다. 중간의 두 아이가 대나무와 붉은색 끈을 이용해 화병을 꽃가마처럼 메고 있다. 그 앞에 있는 아이는 수탉을 타고 있고, 맨 뒤에 있는 아이는 연꽃 한 가지를 잡고 있다.

이 아이들의 결혼놀이는 중국 고대 전설 및 예속(禮俗)과 관련이 있다. 『통전(通典)』에는 "동한(東漢)과 위진(魏晉) 이래 항상 걱정거리가 있지만, 길일에 해당하는 해가 되면 서둘러 혼사를 치른다. 여자의 머리

그림 10 〈평안부귀(平安富貴)〉, 만청, 천진 양류청.

에 견사와 곡식을 덮고 있다가 남자가 그것을 벗긴 뒤 장인에게 인사를 하면 혼례가 완성된다"[13]라는 기록이 있다. 화병 위에 채색 천을 덮은 것은 바로 이러한 혼례 풍속을 반영한 것이다.

또 원대 왕엽(王曄)의 작품인 『도화녀(桃花女)』에는 주공(周公)이 도화(桃花)를 며느리로 맞이하는 장면이 나온다. 혼기가 찬 도화가 화병을 안고 시집을 왔는데, 문을 들어서자마자 화병 속에 들어 있는 곡식을 거꾸로 쏟았고, 이를 본 흉악한 잡신들이 모두 달아났다고 한다. 이를 통해 화병은 사악한 것을 물리치고 복을 얻는 물건으로 여겨졌음을 알 수 있다.

한편 『형초세시기(荊楚歲時記)』에는 정월 초하루에 "닭 그림을 집에 붙이고, 갈대 끈을 그 위에 매달고, 복숭아나무로 만든 부적을 끼우면 온갖 귀신들이 두려워한다"[14]는 기록이 있어서 닭 역시 귀신을 물리치는 벽사의 의미를 갖고 있음을 알 수 있다. 이렇게 민간연화는 예부터 내려온 여러 가지 전설과 풍속 중 길상의 것들을 한데 모아 집안의 평안부귀를 추구하고 있다.

백수의 제왕처럼 고급관료가 되기를

'당조일품(當朝一品)'이란 일등 고급관리가 조회를 맡는다는 말이다. 한나라의 응소(應劭)가 지은 『풍속통의(風俗通義)』에 보면 다음과 같은 말이 있다. "호랑이는 양물로서 백수의 제왕이다. 날카롭게 달려들어 기선을 제압할 수 있고, 귀신도 씹어 삼킬 수 있다. 오늘날 사람들은 갑자기 액운을 당하면 호랑이 가죽을 태워 마시고 그 발톱을 만지면 액운을 피할 수 있다고 하는데, 이것이 호랑이의 효험이다."[15]

민간에서는 호랑이를 백수의 제왕으로 여겼으며, 또한 '산신(山神)'으로 여겨 제사를 지낸다. 신령한 동물로 여긴 만큼 호랑이에 대한 경외, 숭배 사상이 매우 강했다. 〈당조일품〉 그림에서는 최고의 고급관료가 되길 기원하는 마음으로 백수의 제왕인 호랑이를 그린 것이다. 따라서 호랑이는 일품, 즉 최고의 지위에 오른 재상을 의미하며 그 그림은 자손이 그런 지위에 오르기를 희망한 길상연화이다.

중국 길상문화

그림 11 〈당조일품(當朝一品)〉, 청, 산동 유현.

    사실 우리나라에서는 호랑이와 까치가 함께 등장하는 〈호작도(虎
鵲圖)〉가 세화(歲畵)의 소재로 널리 사용되었다. 나쁜 귀신을 물리쳐 주
는 힘을 지닌 호랑이는 벽사의 기능을 한다고 여겨졌다. 호랑이와 까
치가 짝을 이루는 이유는 다음과 같다. 표범을 뜻하는 한자인 표(豹)가
소식을 뜻하는 보(報)와 '바오[bào]'라는 같은 발음을 내기 때문이다. 까
치(喜鵲)는 기쁜 소식을 전해 주는 길조이다. 즉 새해에는 좋은 소식(喜)
이 전해지기(報)를 바라는 마음이 반영된 것이다.

자식은 많을수록 좋다

〈백자전도(百子全圖)〉그림 속에는 모두 서른다섯 명의 아이가 있는데, 자세히 보면 여섯 조로 나뉘어 각종 유희를 즐기고 있는 모습을 확인할 수 있다. 가장 상단에 '장원급제 행차놀이'가 보인다. 우선 말 두 필에 앉은 아이들은 급제한 관리 역할을 하는데 그림에서 옆쪽을 보고 있는 청의(靑衣)는 무관을, 정면을 바라보는 홍의(紅衣)는 문관을 의미한다. 그 관리들 뒤에 시동이 하나씩 있는데 각각 깃발과 일산(日傘)을 들고 있다. 말 앞쪽의 두 아이는 '급제(及第)'와 고대에 제왕이나 관리가 행차 시 길을 열라는 의미인 '청도(淸道)'라는 기를 들고 있다. 그 오른쪽에는 '회전그네'를 즐기는 아이들이 보인다.

다시 그림의 우측 중앙에서 '악기 연주하기'를 묘사하여 북, 징, 꽹과리, 나팔 등 여러 악기를 신나게 연주하고 있다. 특히 왼쪽 아이가 든 징에 '원소금라(元宵金鑼)'라고 쓰여 있는 것으로 보아 원소절(元宵節)을 경축하는 것임을 미루어 짐작할 수 있다.

하단 중앙에서는 여섯 아이들이 민속놀이 중 가장 화려한 '용등놀이' 하기에 여념이 없다. 그 좌측에서는 '죽마타기'를 하고 있는데, 우측 선두에 '기마패(起馬牌)'와 '순풍(巡風)'이라는 푯말을 든 아이 둘이 길을 열고 있다.

그림의 좌측 중앙에서는 '보물단지 들어올리기(舁寶甁)' 놀이를 즐기

중국 길상문화

그림 12 〈백자전도(百子全圖)〉. 청 중엽. 강소 소주.

고 있으며, 그 아래에서는 '그림 그리기'를 하고 있다. 이렇게 여러 아이들이 삼삼오오 짝을 이뤄 여러 가지 놀이를 즐기고 있는데, 이는 다함께 '원소절 즐기기(鬧元宵)'를 하는 장면이다. 명절에는 온 가족, 친지들이 모여 시끌벅적하게 지내야 하는 중국인들의 습성을 나타낸 것이다.

'백자(百子)'라는 말은 수많은 아이들을 뜻하는 것으로 바로 다산과 자손이 대대손손 번창하기를 기원하는 마음을 반영한다. 전설에 의하면 주(周)나라 문왕(文王)에게 이미 아흔아홉 명의 아들이 있었는데, 길가에서 만난 뇌진자(雷震子)란 인물을 아들로 삼아 모두 백 명의 아들이 되었다고 한다. 문왕의 본명은 희창(姬昌)으로, 50년이란 재위 기간 동안 바른 정치를 하고 강상(姜尙)과 같은 인재를 등용하며 『주역』을 펴내었으며 주례(周禮)를 만든 명군이다. 공자도 그를 '삼대의 영현(三代之英)' 중 하나로 칭송하였다. 그러한 인물에게 백 명의 아들이 있으니 자연스럽게 민간에서 '문왕의 백 명의 아들(文王百子)'이란 말이 생겨났고 이것이 상서로운 의미로 확대된 것이다. 중국은 농업국가였던 만큼 옛날부터 자식은 많을수록 좋다는 관념이 있었다. 그래서 자손만당(子孫滿堂)은 집안이 흥성하게 되는 기본 조건이었다. 이러한 이유로 백자를 소재로 한 연화를 자주 볼 수 있는 것이다.

이상 여러 가지 길상을 소재로 한 연화를 살펴보았다. 사실 연화는 명·청대 이후로 크게 유행하여 지금까지도 일반 가정에서 새해에 행하는 풍습 가운데 하나이므로 그 종류는 무궁무진하다고 할 수 있다. 이 책에서도 본격적으로 다루고자 하면 훨씬 더 많은 종류의 길상연화를 제시할 수 있을 것이다. 다만 이 책의 목표는 다양한 분야에서의 길상문화를 소개하는 데 있으므로 연화에 관해서는 다음 기회에 다시 이야기하기로 하겠다.

2장
전통 노포와 길상

재화를 추구하는 장사꾼들에게 있어 길상은 더더욱 의미가 크다. 사업이 크게 번창하기를 바라며 길상을 이용해 상호를 정하고, 길일을 택해 개점하며, 저명한 인사를 불러 현판을 제작하고, 길상의 뜻이 담긴 동식물이나 상징물로 점포를 장식하며, 제품이 잘 팔리기를 희망하며 포장이나 제품 모양에 길상을 담기도 한다.

오래된 점포인 노자호(老字號)에게 길상은 너무나 친숙하고 밀접한 것이고, 특히 현판과 상호에 두드러지게 나타나고 있다. 펑치(馮琦)도 「중국 노자호 상표 명명의 언어문화적 해석(中華老字號商標命名的語言文化解析)」(2010)에서 "노자호의 상표는 종종 일정한 상징 의미를 지닌 길상 동물이나 신령한 기물에서 채용하여 상표명을 짓는다. 이러한 신령한 기물이나 길상의 기물은 상표에 경사, 귀함, 행복 등의 의미와 발음을 더해 줄 수 있다"[16]라고 설명한 바 있다. 그 구체적인 예를 살펴보자.

신으면 연거푸 승진한다는 신발

쿵푸영화 마니아라면 이소룡이나 성룡의 멋진 발차기와 함께 그들이 신은 검은색 천 신발을 한 번쯤은 눈여겨보았을 것이다. 그래서 쿵푸 배우기가 유행했던 시절에는 쌍절곤과 우슈 복장 그리고 검은색 중국식 단화가 무술인들의 필수 아이템이었다. 이 검은색 중국식 단

그림 13　중국 근대의 문학가, 역사학자, 정치가인 곽말약(郭沫若)이 쓴 현판 (촬영: 이기훈)

화를 중국에서는 바로 천층저포혜(千層底布鞋)라고 부른다. 줄여서 천층저(千層底)라고도 하는 이 전통 신발의 역사는 매우 오래되었는데, 중국 사람들은 산서성 후마시(侯馬市)에서 출토된 주대(周代) 무사(武士) 동상의 신 모양과 상당히 비슷하다고 하여 이 단화가 3천 년의 역사를 지녔다고 주장한다.

천층저는 전통식 수공예 헝겊신으로, 내련승(內聯升)이란 브랜드가 가장 유명하다. 내련승은 청대 함풍(咸豊) 3년(1853) 북경의 동강미항(東江米巷)이란 곳에서 처음 문을 열었는데, 창시자는 천진 무청현(武淸縣) 사람 조정(趙廷)이다. 그는 10대 때부터 동사패루(東四牌樓)의 신발 만드는 공방에서 기술을 배우며 장사 수단을 익혀 왔다. 조정은 어떻게 하면 큰돈을 벌까 하고 고심하였는데, 우연히 가마를 타고 다니는 고위 관리들의 신발에 주목하게 된다. 당시 북경에는 관리들이 신는 검은색 예장용 장화인 조화(朝靴)를 만드는 곳이 제대로 없음을 간파하고

중국 길상문화

전문적인 점포를 열 필요성을 느낀 것이다. 이후 고위무관인 정대(丁大)란 자가 백은 만 냥을 투자하였고 마침내 내련승 신발점을 열게 되었다. 내련승의 의미는 다음과 같다. '내(內)'는 대내궁정(大內宮廷) 즉 황궁을 뜻하고, '련승(聯升)'은 고객들이 본점에서 만든 조화를 신으면 연거푸 승진한다는 '연승(連升)'의 의미를 담은 것이다. 봉건시대에는 이러한 길상의 의미를 매우 중시하였기 때문에 많은 관리들로부터 내련승이란 점포명은 큰 환영을 받았다.

물론 내련승이 인기가 많았던 것은 비단 이름자가 좋아서뿐만은 아니었다. 무엇보다도 중요한 상품의 질이 우수했기 때문이다. 당시 단자(緞子) 즉 비단은 남경(南京)에서 생산되는 흑공단(黑貢緞)이 최상품이었는데, 그 특징은 두터우면서도 검은색의 광택이 뛰어나고 털이 일어나지 않는다는 것이었다. 하지만 원가가 매우 비쌌는데, 내련승은 이에 개의치 않고 과감하게 좋은 재료를 사용하여 좋은 신발을 만든 것이다. 결국 관리들도 다소 비싸긴 하지만 우수한 재질의 내련승 신발을 선택하게 되었다.

또한 주목할 만한 점은 내련승의 경영방식이다. 내련승 신발이 인기를 끌게 되자 도성의 수많은 문무백관들이 방문하게 되었는데, 비싼 신발을 한 번 파는 것에 그치지 않고 고객들을 세심하고 지속적으로 관리하였다. 즉 모든 손님들의 발 사이즈를 적어 두는 것은 물론이고 좋아하는 모양과 색상까지 꼼꼼히 기록하였으니 한 번 다녀간 손님들은 사람만 보내면 바로 신발을 제작할 수 있었다. 이렇게 해서 도성의 왕공귀족들의 신발 사이즈와 취향이 기록된 『이중비재(履中備載)』
가 탄생하게 된다. 지금이야 장사하는 사람들이 전산 시스템을 이용
하여 고객들의 정보를 관리하는 것이 보통이지만, 당시에는 그러한
시스템을 구축했다는 것 자체가 파격이었다. 일종의 VIP고객 관리장
부였던 셈이다.

『이중비재』로 인해 내련승은 더욱 치밀하게 고객을 관리하였고, 고
객들은 더 편하게 상품을 구입할 수 있었다. 뿐만 아니라 친지들이나
상급자에게 이런저런 인사를 하려는 사람들이 고가의 선물로 조화를
선호했는데, 치수 문제로 신발을 선물한다는 것은 쉬운 일이 아니었

그림 14   내련승 본점에는 주은래 총리가 생전
에 신었다는 천층저 모조품이 전시되어 있다.
(촬영: 이기훈)

다. 하지만 『이중비재』가 있어 많
은 사람들이 암암리에 내련승과
접촉하였고 내련승 또한 이를 적
절히 장사에 이용했다고 한다. 안
타깝게도 현재 원본 『이중비재』는
일실되었고, 다만 중화인민공화
국 수립 이후 모택동, 주은래, 등
소평 등 지도자들은 물론 각계각
층 유명 인사들의 자료가 기록되
어 있다고 한다.

이렇듯 내련승의 상품은 고가
의 사치품으로 주요 고객은 왕공

중국 길상문화

귀족들이었지만, 결국 시대의 영향을 받지 않을 수 없었다. 1900년 8국 연합군의 점령으로 내련승 점포 역시 폐허가 되었고, 어쩔 수 없이 내자부(奶子府)로 이사를 하게 되었다. 다시 원세개(遠世凱)의 군정 이후 창시자 조정이 죽고 그의 아들 조운서(趙雲書)가 가업을 이으면서 낭방두조(廊房頭條) 쪽으로 이전한다. 이때부터 내련승은 앞에 매장을 두고 뒤에 공방을 두었던 방식을 버리고 신발 제작소를 매장과 다소 떨어진 북화선호동(北火扇胡同)에 두기 시작한다.

1956년 국영기업과 합작되면서 내련승은 지금의 전문(前門) 대책란(大柵蘭)으로 자리를 잡게 되었다. 혼란한 시대 상황에 따라 내련승의 고객들은 더 이상 과거의 왕공귀족들이 아닌 일반 평민들로 채워졌지만, 그 바람에 오늘날까지 전통을 잇는 가게로 살아남게 된 것이 아닌가 생각된다.

내련승 본점은 4층 건물로 1, 2층에는 영업점이 있고, 3층에는 전시관과 영업분점이 있으며, 4층은 사무실로 사용하고 있다. 특이한 것은 바깥에서 건물을 바라보면 3층까지 각 층에 현판이 걸려 있는데 1층에는 곽말약, 2층에는 장애평(張愛萍)이 쓴 '내련승' 편액이 있고 3층에는 문학가이자 서예가이자 불교계 지도자로 유명한 조박초(趙樸初)가 "발걸음이 가볍고 편안하다(步履輕安)"라고 예찬하며 쓴 문구가 걸려 있다.

정문을 들어서면 중문이 나오는데, 역시 상단에 "중국에서 헝겊신으로 제일가는 집(中國布鞋第一家)"이란 현판이 크게 눈에 들어온다. 좌측에는 옛날에 장사하던 모습을 청동상으로 꾸며 놓았고 그 옆에서 실제 장인이 천충저 만드는 모습을 시연하여 관광객들에게 또 다른 볼거리를 제공한다. 우측에는 '위인의 족적(偉人的足跡)'이라 하여 모택동, 주은래, 유소치 등이 내련승 천충저를 신고 공무를 보는 옛 사진을 전시해 놓았는데, 주은래가 북한의 김일성을 접견하는 모습은 한국인들의 눈길을 사로잡는다. 매장 안으로 들어서면 진열대에 옛날 관리들이 신었다는 조화에서부터 현대식으로 개량한 신발, 슬리퍼까지 내련승만의 독특한 디자인과 재질로 만든 다양한 상품을 전시하고 있다.

덕도 모으고 합심도 강조한 점포명

누가 언제 만든 말인지는 모르겠지만, 언젠가부터 북경을 방문하면서 현지인들에게 반드시 구경해야 할 곳과 먹어 봐야 할 것이 무엇이냐 물으면 다들 이런 대답을 한다고 한다. "장성에 오르지 않으면 사나이가 아니고, 카오야를 먹지 않는다면 정말 유감스럽게 될 것이다!(不到長城非好漢, 不吃烤鴨眞遺憾!)" 사실 사나이 운운하는 구절은 모택동이 만리장성에 오른 후 남긴 말로, 팔달령(八達嶺)에서 그 비문을 볼 수 있으니 근거가 있다 하겠다. 하지만 뒷구절은 요식업 관계자가 만들어 낸 것이 아닌가 하는 다소 장난스러운 의심을 하게 만든다. 아무튼

그림 15　전자룡(錢子龍)이 썼다는 전취덕의 현판 (촬영: 이기훈)

시장에 떠도는 말에 불과하지만, 이 말을 통해 오늘날 카오야가 북경을 대표하는 음식임을 알 수 있다.

　카오야 즉 오리구이 요리는 오랜 역사를 지닌 음식으로, 유명한 브랜드로는 역시 전취덕(全聚德)을 꼽을 수 있겠다. 전취덕은 청나라 동치(同治) 3년 즉 1864년에 처음 생겼다고 한다. 창시자는 양전인(楊全仁)이란 사람으로, 그는 북경의 전문(前門) 밖 시장에서 가판을 놓고 닭과 오리를 팔던 장사치였다. 양전인은 장사에 꽤나 능했고 결국 많은 돈을 벌게 되었다.

　그는 매번 장사를 하러 시장을 지나면서 '덕취전(德聚全)'이란 말린 과일 파는 가게를 눈여겨보았는데, 아마도 그 가게 터가 맘에 들었던 모양이다. 어느 날 그 가게가 문을 닫자 기다렸다는 듯이 바로 자리를 인수하여 자신의 점포를 열었다. 그리고는 길상의 의미를 가진 새로운 상호를 내걸기 위해 역술가를 청하였다. 역술가는 이전 주인이 파산하였으니 그 불운을 막는 방편으로 상호를 거꾸로 사용하라고 조언하였다.

마침 기존의 상호명에 자신의 이름자 중 하나인 '전(全)' 자도 들어가겠다, "덕을 모은다(聚德)"는 나머지 뜻도 마음에 드는 터라 흔쾌히 그 말을 따르기로 하고 글 잘 쓰기로 이름난 전자룡(錢子龍)이란 수재를 불러 현판을 쓰도록 하였다. 재미있는 것은 이 현판에 대해서도 말들이 많은데, 그 이유인 즉 마지막 '덕(德)' 자에 특이하게도 중간의 가로획이 빠졌다는 것이다. 세간에서는 이를 두고 양씨가 전씨에게 글씨를 부탁하면서 술을 대접했는데 취기에 실수한 것이라고도 하고, 또 당시 양씨가 고용한 자들이 14명인데 마침 덕(德) 자에서 왼쪽 '척(彳)' 부수를 빼고 나머지를 파자(破字)하면 위에서부터 '十+四+一+心'이 되므로 '一' 자가 가로놓이면 14명의 합심을 망친다 하여 일부러 한 글자를 빼고 써 달라고 한 것이라고도 한다.

사실 '덕(德)' 자는 본래 가로획을 쓰기도 안 쓰기도 하는 두 가지 필법이 있다고 하니, 전하는 이야기는 호사가들이 만들어 내었을 가능성도 있다. 하지만 이 같은 내용을 통해서도 역시 당시 상호명 하나를 짓고 현판 하나를 제작하는 데 얼마나 길상 여부를 따졌는지를 알 수 있다.

양전인은 장사가 잘되도록 여러 가지 노력을 아끼지 않았는데, 특히 당시 궁궐의 어선(御膳)을 담당하는 금화관(金華館)에서 일하던 손(孫)씨 성을 지닌 요리사를 모시는 데 공을 들였다. 손씨가 전취덕에 오면

그림 16 2008년 북경 올림픽 이후 전문(前門)에 전통문화거리를 대대적으로 조성하면서 새로 단장한 전취덕 본점 (촬영: 이기훈)

2장 전통 노포와 길상

서 기존의 민로(燜爐)방식이 아닌 궁정에서 하던 괘로(挂爐)방식으로 오리구이 요리를 만들기 시작하였고, 이것이 지금까지 이어져 민로식으로는 편의방(便宜坊)이, 괘로식으로는 전취덕이 유명해진 것이다.

민로식은 화로 속에 장작을 먼저 땐 후 남은 열기로 은근하게 굽는 방법인데, 화로가 폐쇄형이므로 한번 뚜껑을 닫으면 익을 때까지 열 수 없어 상당한 공력이 필요하다고 한다. 괘로식은 땔감 재료부터 달라서 대추나무나 배나무 등 주로 과실수를 사용하고 화로에 문이 없어서 수시로 확인하며 고기 위치를 적당하게 바꿔 주는, 요리사의 기술이 관건인 방법이다.

기왕 전취덕을 살펴본 김에 중국에서 카오야를 언제부터 먹기 시작했는지 잠시 알아보는 것도 의미가 있겠다. 남북조(南北朝)시기 우종(虞宗)이 쓴 『식진록(食珍錄)』에 이미 오리고기를 먹었던 기록이 나오지만 지금의 구이 요리는 아니었고, 원나라 홀사혜(忽思慧)가 쓴 『음선정요(飮膳正要)』에 오리구이에 관한 내용이 처음 나온다. 혹자는 유럽의 거위구이 요리가 중앙아시아를 거쳐 비단길을 통해 원나라로 전해진 것이고, 거위는 중국에서 흔한 가축인 오리로 바뀌었다고 말한다.

명나라 때 남경에 민로방식의 요리법이 있었다. 이것이 북경으로 전해져 지금의 선무문(宣武門) 바깥 미시호동(米市胡同)에 처음으로 오리구이 식당이 문을 여는데 이 식당이 바로 편의방이다. 편의방 측에서는 영락(永樂) 14년(1416)을 창립일이라 하니 이미 6백여 년의 역사를 지닌 셈이다. 미시호동의 매장은 1937년에 문을 닫았다고 하고, 현재

전문 선어구(鮮魚口)에 있는 편의방은 청 함풍(咸豊) 5년(1855)에 연 것으로 전취덕보다 9년이나 앞선다. 하지만 일반인 특히 해외에서의 지명도는 전취덕을 앞설 수 없다.

모자는 길상과 신분의 상징

지금이야 중국과 교류가 많아 중국인에 대한 이미지가 다양하지만, 한중수교 이전만 하더라도 우리가 생각하는 중국 사람은 인민복을 입고 붉은 별이 박힌 모자를 쓴 모택동의 모습 정도였다. 더 옛날을 생각해도 그저 비단 마고자에 둥근 모자를 쓴 장사꾼 왕서방 이미지를 크게 벗어나지 못했다. 여기서 모택동이 쓴 것을 일명 홍군모(紅軍帽)라고 하고, 왕서방이 쓴 챙이 없는 모자를 과피모(瓜皮帽)라고 부르는데, 사실 중국인들의 복장에서 모자는 없어서는 안 되는 필수품이며 그 안에 담긴 문화도 심원하다.

모자는 고대로부터 계급을 나타내는 중요한 표식으로, 그 자체가 신분을 나타내곤 하였다. 고대에는 모자를 관(冠)이라 하였는데, 이는 관(官)과 동음으로 관모를 쓴다는 것은 바로 관직에 오른다는 길상의 의미였다. 지금도 "모자를 씌운다(戴帽子)"는 특정 계급 성분을 정해 주는 말로, "모자를 벗긴다(摘帽子)"는 특정 계급 성분을 벗겨 주는 말로

그림 17 군인이자 서예가로 알려진 이탁(李鐸)이 쓴 마취원의 현판 (촬영: 이기훈)

쓰인다. 가령 "악질분자의 혐의를 씌우다(戴上壞分子的帽子)"라는 말이나, "지주계급에서 벗어나다(摘了地主帽子)"라는 말이 모두 그러한 경우이다. 심지어 고대 기방(妓房)에서 일하던 남자들이 녹색 두건을 썼던 사실에서 기원하여 "녹색 모자를 쓰다(戴綠帽子)"라는 말은 "오쟁이를 지다(간통하다)"라는 의미를 지녀서 지금도 중국인들은 남녀노소를 불문하고 녹색 모자는 절대로 쓰지 않는다.

북경에서 가장 오래된 모자가게를 들라 하면 단연코 마취원(馬聚源)을 꼽는다. 마취원의 창업자 마취원은 하북성(河北省)의 옛 지명인 직례(直隷) 마교(馬橋) 사람으로, 열네 살 때 옷 만드는 기술을 배우기 위해 북경에 올라왔다. 옷가게가 1년도 안 되어 문을 닫자 다시 들어간 곳이 모자 만드는 공방이었는데, 이곳에서 갖은 고생을 하며 기술을 익혔다. 견습생 생활이 끝나자 조그만 집을 얻어 직접 모자를 만들고 시전을 다니며 판매하였다. 그렇게 약간의 돈이 모이자 드디어 청 가경

중국 길상문화

(嘉慶) 22년(1817) 전문 선어구에 자신의 이름으로 모자가게를 열었다. 마취원의 모자는 품질이 좋으면서 가격도 저렴하여 손님들에게 인기가 많았다.

마취원은 본래 시전에서 서민들이 쓰는 모자를 만들어 판매하였는데, 우연히 한 관원에게 솜씨를 인정받고 홍영모(紅纓帽)를 제작하게 되었다. 홍영모는 청대 관리들이 쓰는 원형의 깔대기 모양 모자로 정수리 끝부분부터 붉은 수술이 아래로 늘어뜨려져 있다. 마취원은 홍영모 수술의 재료로 티베트의 야크 꼬리털을 이용하였고, 샤프란을 가지고 염색을 하였으며, 주재료인 공단도 남경의 정원흥주단장(正源興綢緞莊)에서 생산하는 최고품만 썼다고 한다. 공단은 본래 원(元), 정(頂), 옥(玉), 명(銘), 홍(洪) 5등급으로 나뉘는데, 최상품인 원소단(元素緞)만 썼기 때문에 마취원의 모자는 오래도록 변형되지 않았고 좋은 광택을 유지하면서 얼룩이 잘 묻지 않았다고 한다.

이것이 계기가 되어 마취원은 작은 모자가게에서 조정에 모자를 납품하는 소위 '관모점(官帽店)'이 된 것이다. 장사는 날이 갈수록 번성하였고 이문을 남기게 되자 도광(道光) 22년(1842)에는 천성재(天成齋)라는 신발가게를 열기도 하였다. 천성재는 마취원이 출자하여 만든 가게로, 영업은 경동(京東) 무청현(武淸縣) 사람이 맡았다고 한다. 당시 부자들은 신을 사러 내련승을 찾고, 서민들은 신을 사러 천성재를 간다는 말이 생겼을 정도로 그 주요 고객은 군인, 장사꾼, 가마꾼 등 일반인이었다. 훗날 장사가 잘되어 천원재(天源齋), 천리재(天利齋), 천화형(天

華馨) 등 분점을 내었다.

이렇게 승승장구하던 마취원이었지만 갑작스럽게 병을 얻게 되었
고, 함풍(咸豊) 8년(1858) 병세를 이기지 못하고 세상을 뜨게 된다. 그러
자 여러 점포의 경영을 이건전(李建全)이라는 사람이 맡게 되었는데, 마
취원의 가족들은 가게를 정리하고 고향으로 돌아가길 원하였다. 이를
안타깝게 여긴 장대인은 아예 본인이 투자하여 마취원을 유지하였고
이건전으로 하여금 계속 경영을 맡도록 하였다. 이후 이건전의 경영
술과 장대인의 자금력으로 마취원은 전성기를 맞게 된다. 하지만 청
나라가 망하여 더 이상 홍영모를 만들 필요가 없게 되자 일반인들이
주로 쓰는 과피모(瓜皮帽)나 군인들이 쓰는 군모(軍帽), 장군투구(將軍盔)
등이 주력 상품이 되었다.

재미있는 것은 당시 마취원 모자의 커다란 특징으로 모자마다 작
은 매듭이 있는데, 딱 세 번의 바느질로 매듭짓기를 끝냈다는 것이다.
바로 이러한 기술 때문에 마취원의 모자는 마삼침(馬三針)이라는 별칭
을 얻기도 하였다.

민국시기에는 방한모의 일종인 사괴와(四塊瓦)가 특히 인기가 있었
고, 서양의 영향을 받아 가죽으로 만든 피예모(皮禮帽)도 신사들의 관심
을 끌었다. 당시 민간에서는 "머리엔 마취원을 쓰고, 발에는 내련승을
신고, 몸에는 팔대상[17]을 입고, 허리엔 사대항[18]을 찬다(頭戴馬聚源, 脚踩內
聯升, 身穿八大祥, 腰纏四大恒)"라는 유행어가 떠돌 정도였다고 하니 마취원
의 명성이 어떠했는지 알 만하다.

중국 길상문화

중화인민공화국 수립 후 1958년에는 지금의 자리로 이전하였고, 문화대혁명 기간 동승(東升)모자회사로 병합되어 소수민족 모자를 주로 제작하게 된다. 1986년 옛 상호가 회복되면서 '북경 최고의 소수민족 모자점(北京第一家少數民族帽店)'이란 영예를 안게 되고 이후 보영재(步瀛齋)라는 신발회사와 합병되어 오늘에 이르게 된다. 지금은 과피모 같은 전통 모자는 물론이고 남성용, 여성용, 노인용, 아동용으로 세분화하여 다양한 스타일의 제품을 생산하고 있다.

돈을 상징하는 벌레, 청부

비단은 오랫동안 중국인들이 가장 즐기는 옷감으로, 이와 관련된 문화와 역사도 무궁무진하다. 신화 속 임금 황제(黃帝)와 그 왕비 서릉씨(西陵氏)가 양잠(養蠶)기술을 처음으로 사람들에게 가르쳤다고 하고, 촉(蜀) 지방에는 백마가 처녀를 감싸 그것이 누에가 되었다는 '마두낭(馬頭娘)' 전설이 전해지기도 한다. 서주(西周)의 군주 유왕(幽王)은 아름답긴 하지만 웃지 않기로 소문난 포사(褒姒)가 비단 찢는 소리에 살짝 미소를 짓는다고 하여 전국의 비단을 모두 거두어들였는데, 결국 나라가 멸망하는 지경에 이른다.

중국의 비단은 한나라 이전부터 비단길이나 바닷길을 통해 유럽으

그림 18 북경 전문 대책란에 위치한 서부상 본점의 전경 (촬영: 이기훈)

로 전해져 비싼 값에 거래되어 왔다. 당나라에서는 과세의 일부로 징수되었고, 송나라에서는 화폐의 대용이 되기도 하였다. 한국에서는 1930년대 대중가요 〈왕서방연가〉에서 희화화된 중국 비단상 왕서방을 노래하고 있으니, 아무래도 우리의 관념 속에서도 중국인과 비단은 떼려야 뗄 수 없는 관계인 것 같다. 그러면 북경에서 비단으로 가장 오래되고 유명한 점포로는 무엇이 있을까? 바로 서부상(瑞蚨祥)이다.

서부상의 창업자 맹전산(孟傳珊)은 산동 제남부(濟南府) 장구현(章丘縣) 구군진(舊軍鎭) 사람으로, 청 동치 원년(1862)에 만부상(萬蚨祥)이란 가게를 열어 무명 옷감을 팔았다. 이후 상해, 청도, 천진 등지로 분점을 내었고, 경영이 잘되자 비단, 피혁 등 취급 물품도 확대하였다. 그의 젊은 후계자 맹락천(孟維川)은 도성의 번화가 대책란을 주목하기 시작하였는데, 마침 전문 선어구에서 도매 포목점을 하던 맹근후(孟覲侯)

중국 길상문화

그림 19　서부상 본점 2층에는 전문재단사들이 있어서 옷감을 고른 후 바로 전통 복장을 제작할 수 있다. 역시 길함을 나타내는 붉은색을 주로 선호하고 있다. (촬영: 이기훈)

가 대량의 서양 포목이 유입되는 것을 걱정하며 동업을 제의해 왔다. 마침내 광서(光緒) 19년(1893) 맹락천이 은 8만 냥을 출자하여 대책란에 포목점을 열었으니, 이것이 바로 서부상이다.

　1900년 의화단(義和團) 사건에 의해 가게가 일부 파괴되지만, 금세 영업을 재개하였다. 1903년에는 서부상총점(瑞蚨祥總店) 외에 동홍기차장(東鴻記茶莊), 1906년에는 서홍기차장(西鴻記茶莊), 1911년에는 홍기피화점(鴻記皮貨店), 1918년에는 서홍기주포묘(西鴻記綢布廟)라는 분점을 각각 열어 대책란 일대에 5개 점포를 가진, 북경에서 가장 큰 비단포목점이 되었다. 이로써 당시 북경에서 이름에 '상(祥)' 자가 들어간 여덟 곳의 비단포목점을 말하는 '팔대상(八大祥)' 가운데에서도 으뜸이 된다.

서부상이란 상호는 길상문화의 정수를 보여 준다. 일단 기본적으로 상서로움과 길조를 뜻하는 '서(瑞)'와 '상(祥)'이 앞뒤로 자리 잡고 있어 길상에 대한 욕구를 노골적으로 드러내고 있다. 남은 것은 '부(蚨)'자인데 이는 '청부환전(青蚨還錢)'이란 고사성어에서 비롯된 것으로, 그야말로 중국 사람들의 상업 정신이 어떠한지를 여실히 보여 준다. 『회남자(淮南子)』「만필술(萬畢術)」에는 청부환전 관련 고사가 다음과 같이 기록되어 있다. "청부(파랑강충이)는 일명 어백 혹은 포라고도 부른다. 그 어미와 새끼를 각각 항아리에 담아 동쪽 담장 아래 묻어 놓고 3일이 지난 후 열면 서로 만나 있다. 그 어미의 피를 81냥에 바르고, 역시 새끼의 피를 나머지 81냥에 발라 두고 이 돈을 시장에 들고 나가는데, 새끼 피 바른 돈을 두고 어미 피 바른 돈을 쓰든 그 반대로 하든 간에 그 돈은 모두 돌아온다."[19] 간보(干寶)의 『수신기(搜神記)』에도 이와 유사한 내용이 나온다.

실제로 이런 벌레가 존재하는지는 나중 문제이고 그러한 벌레의 습성까지 이용하여 금전적 손해를 보지 않으려는 중국인들의 노력이 참으로 놀랍다. 장사를 하게 되면 어느 정도의 투자금은 들기 마련인데 기본적인 투자금까지 모두 회수하려는 모습에서 재화에 대한 집착을 알 수 있다. 아무튼 자본을 어떻게 대하고 어떻게 운영하는지, 중국인의 상업 정신이 잘 드러나는 상호이며, 거기에 길상이 제대로 한몫하고 있는 대표적인 예시라 말할 수 있다.

한편 톈딩(天丁)의 「옛 북경의 14대(老北京的"十四大")」(2008)에 의하면 서부상이 포함된 북경 일대 여덟 곳의 비단가게 '팔대상'의 장문인(掌門人: 문파의 우두머리)이 산동 제남부 장구현 구군진의 맹자(孟子) 집안 사람이라고 한다. 『장구현지(章丘縣志)』에는 맹자 55대손 맹자윤(孟子倫)이 명 홍무(洪武) 2년(1369) 하북에서 구군진으로 이주하였고, 그 후손들이 좌상(坐商)을 하며 상호에 '상(祥)' 자를 넣기 시작하였으며 이후에도 계속 전해졌다고 기록하고 있다. 이로 보아 상호명에 동일한 길상문자를 넣는 것도 하나의 집안 전통으로 내려오는 사례가 있음을 알 수 있다.

풍요를 상징하는 가게에서 파는 전통 과자

중국 중추절의 대표 먹거리인 월병(月餠)으로 유명한 도향촌(稻香村)의 상호명은 당시(唐詩)와 송사(宋詞)는 물론 심지어 『홍루몽(紅樓夢)』과도 관련 있다. 리융이(黎永毅)는 「노자호 점포명의 시적 의미(老字號店名中的詩意)」(2009)에서 그 명칭의 유래에 대해 다음과 같이 설명하고 있다. 도향촌 식품점은 원래 소주의 오래된 점포였는데 청대 광서 21년(1895)에 남경 사람 곽옥생(郭玉生)이 북경에 와서 '도향촌남화점(稻香村南貨店)'이란 상호를 내걸고 개업하여 지금에 이르게 된 것이다. 소개에 따르면 그 점포명은 당나라 허혼(許渾)의 시 가운데 "들로 나가는 문

물가에 임하니 벼꽃이 향기롭구나(野門臨水稻花香)"라는 구절에서 취했다고 한다. 허혼의 자는 용회(用晦)로, 중당 시인이다. 비록 그 이름이 이백, 두보, 왕유, 맹호연, 백거이, 원진 등에 미치지는 못하지만, 유명인의 대열에서 빠지지는 않는다. 가령 사건이나 전쟁이 일어나기 직전의 살벌한 분위기 또는 그 조짐을 뜻하는 성어인 "산에 비 내리려 하고 바람은 누각에 가득하네(山雨欲來風滿樓)"는 그의 시에서 비롯된 것이다.

허혼의 시 외에도 '도화향(稻花香)'이란 세 글자는 남송 신기질(辛棄疾)의 시구 "벼꽃 향기 속에 사람들은 풍년을 말하네(稻花香里說豊年)"에도 등장한다. 또『홍루몽』17회를 보면 대관원(大觀園)에서 문재(文才)를 시험하고 대련과 편액을 짓게 하는 장면에서 가보옥(賈寶玉)이 어느 한 전원풍의 경치에 이르러 옛 시 "사립문이 물가에 임하니 벼꽃이 향기롭구나(柴門臨水稻花香)"라는 구절을 인용해 도향촌이라고 명명하도록 건의하는 장면이 나온다. 이곳에 훗날 이환(李紈)이 거주하게 되는데, 시 짓는 문인들의 모임을 결사하면서 자신의 호를 '도향노농(稻香老農)'이라 했다고 한다. 북경의 도향촌은 비록 거마가 쉴 새 없이 다니는 복잡한 시장에 자리 잡고 있지만 매년 명절이면 원소 경단이나 춘병 등 전통 음식을 사러 오는 서민들로 장사진을 이루는 곳이다.

이처럼 리웅이는 도향촌이란 이름이 생기게 된 유래에 대해 제법 자세하게 고찰하였다. 먼저 당시 '도화향'이란, 낭만적인 시어로 시작하여 극도의 운율미와 수사형식을 추구했던 송대 사 작품에도 쓰였

그림 20　도향촌에서 추석을 앞두고 판매하는 과자 세트. 원만함과 풍성함을 상징하는 원형의 형태에 길함을 상징하는 붉은색으로 앞에는 과자 속 내용물을, 뒤에는 복(福) 자와 같은 길상어를 그려 넣었다.

고, 중국 대표 장편 애정소설인 『홍루몽』이 '도향촌'이란 이름으로 완성되었음을 밝히고 있다. 그야말로 농촌에 대한 향수, 고향에 대한 이미지, 자연에 대한 동경 등을 담고 있는 전형적인 고전문학 소재에서 만들어진 상호라 말할 수 있다.

이 도향촌의 길상적 요소는 바로 그 상품에서 잘 나타나고 있다. 도향촌은 주로 각종 과자류를 생산하는데, 특히 중추절에 월병을 판매할 때는 아무래도 전통 명절이니 만큼 손님들에게 전통적인 길상문화를 담아 선전하고 있다. 가령 '도향촌 북경식 8종 길상과자 선물세트(稻香村京八件吉祥尊禮糕點禮盒)'란 상품은 도향촌의 주요 상품인 전통 과

자류를 세트로 포장한 것이다. 여덟 가지로 구성한 이유는 숫자 팔(八[bā])이 '돈 벌다'란 뜻의 발(發[fā])과 동음이의어로 중국인들이 가장 선호하는 길수(吉數)이기 때문이다.

여덟 가지의 구성품을 살펴보면 팥(豆沙)을 넣은 복자병(福字餅), 산자(山楂)를 넣은 녹자병(祿字餅), 대추소(棗泥)를 넣은 수자병(壽字餅), 흑참깨(黑芝麻)를 넣은 희자병(禧字餅), 장미 꽃잎을 넣은 선화매괴병(鮮花玫瑰餅), 화초소금을 넣은 소주식 월병인 소식초염병(蘇式椒鹽餅), 연밥가루소를 넣은 연용병(蓮蓉餅), 산사 열매를 넣어 구운 산사과회(山楂鍋盔)가 있다. 앞에서부터 네 가지는 복록수희(福祿壽禧)라는 사복(四福)의 글자를 새겨 넣은 과자이고, 여기에 장미, 연꽃, 산사와 같은 길한 의미를 지닌 꽃과 열매로 만든 과자를 더하여 맛뿐만 아니라 소비자를 축복하는 길상의 의미를 더했다.

약방의 심벌마크로는 영지가 적격

항주(杭州)에 위치한 방회춘당(方回春堂)은 이미 3백여 년의 역사를 지닌 오래된 약방이다. 청나라 순치(順治) 6년(1649)에 전당(錢塘) 사람인 방청이(方清怡)가 창립한 것으로 알려져 있다. 그는 집안 대대로 중의에 종사하여 약리(藥理)에 정통하였는데, 특히 명대 만력(萬曆) 항주 명

그림 21 영지는 실제 약용으로 사용하고 있는 식물이지만, 구하기 어렵다는 특성 때문인지 고대부
터 신선, 불로, 양생 등을 상징하는 하나의 길상물로 사용되고 있다.

의인 오원명(吳元溟)이 지은『두과절요(痘科切要)』와『아과방요(兒科方要)』
를 세심히 연구하여 자신만의 비방을 완성하였다.

　지금의 점포명을 갖게 된 것에는 다음과 같은 이야기가 전해진다.
어느 날 가마 두 대가 그의 약방을 찾아온다. 노부인과 젊은 부인이
고열로 사경을 헤매는 갓난아이를 안고 온 것이다. 그들은 이미 항주
일대의 여러 의원들을 돌았지만 아이가 차도를 보이지 않자 결국 방
청이를 찾아온 것이다. 방청이는 꼼꼼히 아이를 진료한 후 환약을 처
방하였고, 과연 7일이 지나자 건강을 회복하였다. 알고 보니 그 아이
는 바로 전당현 지주(知州)의 손자였다. 지주는 방청이에게 크게 보상
하고자 하였지만 지주의 청렴함을 잘 아는 방청이는 이를 사양하고,

대신 그로부터 '묘수회춘(妙手回春)'이란 제자(題字)를 받는다. 방청이는 다시 이 글귀를 이용해 자신이 만든 환약의 이름을 '소아회춘환(小兒回春丸)'이라 정하게 된다.

어쨌든 이곳 방회춘당을 상징하는 마크는 바로 영지(靈芝)이다. 본래 영지는 약방에서 자주 사용하는 약재이기도 하지만 그 자체로 길상의 의미를 지니고 있다. 영지는 적지(赤芝), 목령지(木靈芝), 영지초(靈芝草) 등의 별칭을 갖고 있는 균류(菌類), 즉 버섯이다. 전설에 따르면 중국 고대의 제왕 염제(炎帝)에게 요희(瑤姬)라는 예쁘고 총명한 딸이 하나 있었다. 하지만 시집도 가지 못한 채 요절하였고, 그녀가 묻힌 곳에 버섯이 하나 피었는데 이것이 바로 영지라는 것이다.

한대에 들어 영지는 기린, 봉황 등과 함께 길상물의 반열에 올라 '서초(瑞草)', '서지(瑞芝)'라고 불렸다. 한무제 때는 황궁이 오래되어 기둥이 썩었는데, 그곳에서 영지가 자라고 있어 이를 문책하고자 했더니 대신들이 이는 황상의 공덕이 무량하여 천지를 감동시킨 것이라고 칭송하였다. 이에 흡족한 무제는 전국에서 매년 영지를 진상하도록 하였고, 회남국(淮南國) 왕 유안(劉安)은 자신의 영토 중 곽산(霍山)에서 나는 영지를 딸 유릉(劉陵)을 시켜 직접 장안에 가서 진공하도록 하였다. 이후 황궁에 영지가 생기면 천하태평의 길조가 된다고 했고, 곽산의 영지가 으뜸이라고 천하에 알려지게 되었다.

동한의 『신농본초경(神農本草經)』에는 "산천과 운우, 사시와 오행, 음양과 주야의 정기가 오색의 영지를 만들어 내니, 이는 성왕의 아름다운 징조이다"[20]라고 하였다. 갈홍(葛洪)의 『포박자(抱朴子)』에서는 "만약 사람이 지극한 정성으로 오랫동안 소식(素食)을 하지 않고, 행동이 거칠고 덕이 얕고, 또한 입산하는 기술에도 밝지 않으면 비록 그 지도를 얻더라도 귀신과 신령이 함께하지 않아 그 사람은 마침내 영지를 볼 수 없을 것이다"[21]라며 영지를 얻기가 매우 어려움을 설명하고 있다.

명대 이시진(李時珍)이 편찬한 『본초강목(本草綱目)』 중에 영지는 "마음의 기운을 더해 주고, 지혜를 늘려 주며, 오랫동안 복용하면 몸이 가벼워지고 노화가 늦어지며 수명을 연장시켜 신선처럼 된다"[22]라고 기록되고 있다. 이렇게 하여 중국에서 영지는 효험 있는 약초이자 길상의 상징이 되어 다양한 문양으로 사용되었다. 특히 중국에 불교가 전파된 이후로 부처의 손에 영지를 들고 있는 모습이 만들어지면서 '영지여의(靈芝如意)' 형상이 탄생하기도 한다.

명자오취안(孟昭泉)은 「점포명 문화 탐구 그리고 노자호(店名文化探源 及其老字號)」(1998)에서 "노자호의 점포명 문화는 대다수 길상, 평안, 영원, 재물에 대한 마음가짐을 드러낸 것이며, 동시에 안정, 화목, 품위에 대한 갈망이면서 재화에 대한 가치추구를 반영한 것이다"[23]라고 하였고, 이어서 청대 학자 주팽수(朱彭壽)가 지은 「자호시(字號詩)」에 근거하여 노자호의 점포명 "國泰民安福永昌, 興隆正利同齊祥, 協益正裕全美瑞, 合和元亨金順良, 惠豊成聚齋發久, 謙德達生洪源行, 恒義萬寶通大樓, 春康茂盛慶居堂"이라는 56자로 귀납될 수 있다고 적고 있다. 실제로 노자호의 상호명을 자세히 살펴보면 위 56자로 이루어진 것을 쉽게 볼 수 있다.

이렇게 중국인들은 장사하는 첫 단계로서 간판을 내걸면서 항상 사업의 번창함과 종사자들의 안녕을 바라는 길하고 상서로운 상호를 선택하였으니, 길상은 노자호의 중요한 문화요소 가운데 하나임을 알 수 있다.

3장
현대 기업과 길상

중국 비즈니스업계에서 자국에 뿌리 깊게 자리 잡은 길상문화를 기업 이미지와 제품 이미지로 활용하는 것은 매우 당연한 일이다. 노자호에서 점포명이나 상품명에 길상을 사용한 것은 이미 오래고, 최첨단 과학기술을 선도하는 IT기업조차도 이러한 길상문화를 이용해 제품을 출시하고 소비자들에게 어필하고 있다.

1980년대 개혁개방정책 이후 중국 경제는 매년 두 자릿수 성장률을 이루었고, 2000년대에는 미국과 더불어 G2의 반열에 오르게 되었다. 중국은 더 이상 저임금을 바탕으로 한 해외기업의 '세계공장(World Factory)'이 아닌 '세계시장(World Market)'으로 급부상하였다. 뿐만 아니라 그동안 기술력을 축적한 많은 중국 기업들이 역으로 세계무대에 진출하고 있다. 이제는 한국도 예외가 아니어서 중국 기업과 자본이 국내에 본격적인 투자를 시작하였다.

2016년 3월 15일 중국 구룡(九龍)자동차와 우리나라 광주광역시는 2020년까지 2천5백억 원을 투자해 연간 10만 대 규모의 완성차·부품공장을 짓는다는 투자 의향 협약을 체결했다. 이는 바로 우리나라의 청년들이 중국으로 진출하는 것도 가능하지만 우리나라에 세워진 중국 기업에 취업을 해야 하는 새로운 현실이 다가오고 있음을 시사한다.

이처럼 중국 경제의 위상이 제고됨에 따라 비즈니스 환경에 거대한 변화가 생기게 되었고, 이에 대처하기 위해서는 중국 기업문화를 파악해야 할 필요가 있다. 즉, 중국 기업과 때로는 경쟁하고 때로는 협동하기 위해서는 그들을 좀 더 면밀히 관찰하고 분석할 필요가 있다. 사실 1992년 한중수교 이후 20여 년간 우리 정부와 기업들은 수많은 시행착오를 거치면서 관련 자료와 경험을 축적했고, 여전히 중국을 공략하고 동반하기 위해 연구와 실험을 진행 중이다. 하지만 인문학 측면, 즉 전통과 풍습과 생활에서 비롯된 길상문화와 같은 기초적이고도 일상적인 부분에 관한 연구는 소홀했다. 상술한 바대로 중국 기업들이 길상을 적극 활용하여 이미지를 제고하고, 영업 전략 혹은 광고 수단으로 이용하고 있음을 인식한다면 결코 간과해서는 안 되는 중요한 연구 대상이 된다. 이것이 바로 중국 기업이 길상을 어떻게 활용하는지에 관한 고찰이 필요한 이유가 된다.

통신사에서 선택한 영원함의 상징

전통의 길상부호를 심벌마크로 삼은 기업으로는 중국의 대표적인 통신업체인 중국롄통인터넷회사(中國聯合網絡通信股份有限公司), 즉 '차이나 유니콤'을 들 수 있다. 이들이 선택한 길상부호는 한국에서도 화교가 운영하는 중식당이나 최근에 우후죽순처럼 생겨난 중국식 양꼬치 식당을 방문해 본 사람이라면 한 번쯤은 보았을 익숙한 문양이다. 붉은색의 상징기호로 만들어져 색감이나 형태가 매우 두드러지는데, 사실 그것이 구체적으로 무엇을 의미하는지는 중국 길상문화에 대한 지식

그림 22　반장(盤長) 모양의 중국결은 중국인들이 가장 선호하는 장식품 중 하나이다. 이동통신회사 차이나 유니콤 역시 이러한 점에 착안하여 회사의 심벌마크로 삼았다.

이 없고서는 도저히 알 수가 없다. 이는 바로 '중국매듭(中國結)'으로, 전통 장식 문양 가운데 하나이다.

　중국매듭은 마치 뫼비우스의 띠처럼 하나의 끈이 처음부터 끝까지 이어지면서 여러 가지 문양을 조성하는 것으로, 고대 '결승(結繩)' 문화로부터 비롯되었다고 한다. 『주역』「계사」에 "상고시대에는 노끈을 맺어 만든 결승문자를 이용하여 천하를 다스렸는데, 후대에 성인이 그것을 글자와 부호로 대체하였다"[24]는 기록이 보인다. 또『풍속통의』에는 여와(女媧)가 "노끈을 가지고 진흙 속에 집어넣어 휘젓고 빼낸 덩어리들로 사람을 만들었다"[25]는 내용이 있다. '승(繩[shéng])'은 '신(神 [shén])'과 동음이의어가 되어 결승은 신의 영역 즉 인류의 기원과 연결

되었고, 따라서 숭배의 대상이 되었다.

또한 결승은 문자가 생기기 전 의사를 표시하는 방식으로, 사람들 간의 계약(契約), 약속(約束)의 의미를 갖는다. 그래서 결의(結義), 결맹(結盟), 단결(團結)이란 말이 생기게 되고, 또 남녀 간 애정의 약속 즉 혼인 대사와 연계되어 결친(結親), 결발(結髮), 결혼(結婚) 등으로 의미가 파생 되었는데, 모두 사람들이 좋아하는 행복과 길조(吉兆)의 언어들이다. 사람들은 자연스럽게 이러한 상징을 매듭으로 만들어 생활공간에 장식하거나 선물로 주게 된 것이다.

'결(結)'의 의미가 다양하게 파생된 것처럼 그 형태도 여러 가지여서 겹친 마름모 형상의 방승결(方勝結), 나비 두 마리 형상의 쌍접결(雙蝶結), 영지 모양을 닮은 여의 형상의 여의결(如意結), 기쁠 희(喜)가 겹친 형상의 쌍희결(雙喜結), 계수나무 꽃 형상의 계화결(桂花結) 등등이 있는데, 차이나 유니콤의 심벌은 바로 '반장결(盤長結)'이다. 반장(盤長)은 반장(盤腸)이라고도 하는데, 구불구불 창자같이 생긴 모습에서 유래된 듯하다. 옛사람들은 '양의 창자처럼 좁고 구불구불한 길(羊腸九曲)'이라며 험난한 인생여정을 말했고, '창자가 끊어지는 듯한 슬픔(斷腸)'이라는 말로 멀리 떨어져 만날 수 없는 사랑하는 사람에 대한 그리움을 비유하기도 했다. 또한 반장은 불가에서 말하는 팔보(八寶) 가운데 하나로, 꽃병 모양의 보병(寶瓶), 양산 형태의 보개(寶蓋), 물고기로 표현되는 쌍어(雙魚), 연꽃 모양의 연화(蓮花), 소라 모양의 우선라(右旋螺), 깃대 모양의 존승 당(尊勝幢), 바퀴 모양의 법륜(法輪)과 함께 '팔길상'이라고도 한다.

『옹화궁 불가용품 설명서(雍和宮法物說明冊)』의 설명에 의하면 반장은 "빙빙 돌면서 모든 것을 꿰뚫어 모든 것에 분명하게 통한다"[26]는 의미로 장수와 무한의 상징이 된다. 그래서 이 심벌마크는 반장처럼 끊어지지 않고 모든 것에 통한다는 기술적인 기능을 강조하면서 동시에 사람과 사람을 정으로 잇는다는 인문적인 이념을 표현하고 있다. 마치 국내 모 통신사에서 고향에 계신 부모님과 이국에 있는 자식이 서로를 보고 싶어 하는 마음을 강조하여 광고에서 표현한 것처럼, 차이나 유니콤 역시 심벌마크 자체에 그러한 의미를 부여하고 브랜드 이미지를 제고하는 효과를 보고자 한 듯하다.

'천원지방'을 담은 동전 형상

중국에서 가장 규모가 큰 금융기관인 중국은행과 공상은행은 모두 중국 고대부터 사용해 온 동전을 이미지화하여 심벌마크로 사용하고 있다. 해당 은행들의 심벌마크를 보면 굳이 구체적인 설명이 없어도 고대 화폐를 형상화한 것임을 알 수 있다. 재미있는 것은 중국은행은 동전 모양의 중앙에 '중(中)' 자를 조성하였고 공상은행은 '공(工)' 자를 조성하여 자신들의 정체성을 부각시킨 점이다. 특히 중국은행의 심벌마크는 홍콩의 유명 그래픽 설계 디자이너 진타이창(靳埭强)이 만

든 것으로, 디자인계의 전범으로 알려져 있다.

우자(吳佳)는 「표지 속의 한자설계(標志中的漢字設計)」(2007)에서 "중국은행의 심벌 디자인은 한자 '중(中)'의 문화적 함의를 남김없이 다 드러내고 있어 심벌마크의 표준으로 손색이 없다. 전체적인 조형상 '중(中)' 자를 가운데 배치하고 대칭시켜 중국의 어느 한쪽으로 치우치지 않는다는 '중용(中庸)'의 도를

그림 23 한 여성이 중국은행의 ATM에서 은행 업무를 보고 있다. 상단의 간판에서 동전 모양을 상형한 중국은행의 심벌마크를 볼 수 있다. (촬영: 이기훈)

체현하였다. 또 옛 화폐와 '중(中)' 자는 서로 융합하고 상생하면서도 집중된 것을 분산시켜 노자가 말한 '도(道)는 하나를 낳고, 하나는 둘을 낳고, 둘은 셋을 낳고, 셋은 만물을 낳는다'는 거대한 철학 사상을 드러내기도 한다"[27]고 해석하였다.

또 루레이(陸蕾)는 「현대 표지 설계 중 전통 길상 도형요소의 융합 연구(論現代標志設計中傳統吉祥圖形元素的融入)」(2007)에서 원형의 테두리에 사각형의 구멍을 한 디자인은 "하늘은 둥글고 땅은 네모지다는 옛사람들의 천지에 대한 관념과 경제를 근본으로 삼는다는 의식을 담고 있

중국 길상문화

으면서, 간결하고 중후하며 식별이 용이하게 만들었다. 그야말로 심원한 뜻과 짙은 중국적 색채를 갖고 있다"[28]고 설명했다.

사실 고대 동전의 길상적 요소는 다음과 같은 의미를 갖는다. 환전(圜錢)은 전국(戰國)시기에 주조된 청동으로 만든 원형의 화폐로 '환화(圜化)' 또는 '환전(環錢)'이라고도 한다. 이는 선진(先秦)시기의 화폐인 동주폐(銅鑄幣)의 4대 계열 중 하나로, 주로 진(秦)나라에서 만든 주폐형식이다. 환전은 다시 두 가지 유형으로 나뉘는데, 하나는 둥근 동전 가운데 둥근 구멍이 뚫린 '원형원공(圓形圓孔)'으로 형태가 단순하고 시기가 더 앞선다. 다른 하나는 둥근 동전 가운데 네모난 구멍이 뚫린 '원형방공(圓形方孔)'으로 좀 더 정밀하다.

초기 환전은 가운데 구멍이 작은 편이나 점차 확대된다. 일반적으로 앞면에 명문(銘文)이 새겨 있고, 뒷면에는 문자가 없다. 환전은 그 자체로 재화를 나타내기 때문에 연화 같은 민간그림에 길상의 소재로 자주 등장한다. 가령 동전 열매가 주렁주렁 매달린 나무는 요전수(搖錢樹)라고 불렸고, 이러한 그림을 '금옥만당(金玉滿堂)'이라 한다. 또 폭죽이나 반장결에 묶어 함께 장식하는데, 이를 '고전도(古錢套)'라 한다.

한편 '전(錢[qián])'은 '전(前[qián])' 자와 같은 발음이고 동전 구멍 '공(孔)'을 '안(眼)'이라 칭하기도 하는데, 두 글자를 합하면 바로 '안전(眼前)'이 된다. 이로써 민간에서 전(錢)과 특정 사물을 조합하여 "~가 눈앞에 있다(~在眼前)"는 말이 생겨났다. 예를 들면 박쥐(蝙蝠)와 동전을 함께 그린 것은 "복이 눈앞에 있다(福在眼前)"가 되고, 까치(喜鵲)와 동전을 함께

그림 24 중국은행과 공상은행 등에서 상표의 모티브로 사용한 고대 동전. 그림의 동전은 장식용으로, 보통 표면에 '초재진보(招財進寶)' 같은 길상문구를 새기고 겹으로 만들어 쌍전(雙錢)이라 부른다.

그린 것은 바로 "기쁨이 눈앞에 있다(喜在眼前)"라는 의미가 되는 것이다. 이처럼 중국인들은 비록 재화에 대한 욕망은 강할지라도 그것을 노골적으로 드러내지 않는다. 길상의 여러 가지 상징 표현과 동음이의어의 언어적 특징을 이용하여 때론 해학적으로, 때론 고상하게 이를 나타내고 있다.

중국 길상문화

서왕모의 장신구, 방승

중국의 많은 업체들이 회사 심벌마크로 사용하는 길상소재 가운데 '방승(方勝)'을 빼놓을 수 없다. 북경을 기반으로 하는 유명 시공업체인 북경수화(北京首華)건설회사와 북경 중심지 왕부정(王府井)에 위치한 5성급 왕부(王府)호텔, 그리고 중국의 실리콘밸리 중관촌(中關村)에 위치한 IT회사 화전방승(華電方勝) 역시 중국의 전통 길상문양인 방승을 심벌마크로 사용하고 있다.

그렇다면 방승은 도대체 무엇을 의미하는가? 방승은 두 개의 사각형(方形)이 사선으로 겹쳐진 형상으로, 마름모꼴로 생긴 장식을 통칭한다. 본래 '승(勝)'은 고대 부녀자들의 머리장신구의 일종이다. 『산해경(山海經)』 「서산경(西山經)」에는 "서왕모는 형상은 사람과 비슷하지만 표범의 꼬리와 호랑이 이빨을 갖고 있으며 휘파람을 잘 불었다. 흐트러진 머리카락에는 승이라는 장식을 꽂고 있다"[29]라는 기록이 있다. 곽박(郭璞)의 주(注)에는 "승은 옥승을 말한다(勝, 玉勝也)"라고 설명했는데, 이후 "장식을 꽂고 있다"라는 뜻의 '대승(戴勝)'은 서왕모를 지칭하는 말이 되었다.

장신구인 승에는 꽃 모양을 한 화승(花勝)과 사람 모양을 한 인승(人勝) 같은 것도 있지만, 방승은 길상의 의미로 실물이 아닌 기하학적 도형을 상징적으로 만들어 낸 것이다. 승은 의미상으로 '이기다, 우월하다, 아름답다'는 뜻을 지니고, 형태상으로는 두 개의 마름모(菱形)가 겹쳐져 '동심(同心)'을 뜻하기도 한다. 그래서 '동심방승(同心方勝)'은 '마음을 합침'을 의미하고, 나아가 남녀 간의 애정을 뜻하는 말로도 사용된다.

특히 왕부호텔의 심벌마크는 1988년 유명 디자이너 천한민(陳漢民)이 설계

그림 25　방승 즉 마름모꼴 위에 각종 길상문구를 합체자 형태로 만든 장식품

한 것으로, 방승 문양을 기초로 하여 호텔의 관리규범과 우수한 서비스를 강조하면서 도형이 중국매듭처럼 끊이지 않고 연결되어 조화를 상징하고 있다. 또 방승을 '정(井)' 자 형태로 조성하여 호텔 위치인 왕부정을 암시하면서 동시에 마치 "아무리 사용해도 영원히 마르지 않는(取之不盡, 用之不竭)" 우물(井)처럼 지속적인 서비스를 약속하겠다는 의미를 내포하고 있다. 중앙의 '왕(王)' 자는 왕부호텔의 이니셜을 부각시킨 것이면서 호텔업계의 왕 지위를 지키겠다는 신념이기도 하다. 그야말로 길상부호와 한자를 적절하게 배합하여 전통문화를 소재로 만든 심벌마크의 전형이라 할 수 있다.

부동산과 건설업이 주력인 만달(萬達)그룹은 중국에서 마윈의 알리

바바와 함께 재계 1, 2위를 다투는 기업이다. 이 기업의 30주년 행사 때 발표된 기념 심벌마크 역시 방승이란 길상소재를 사용하여 제작한 것으로, 여러 기업들의 방승에 대한 선호를 실감할 수 있다.

효자손처럼 원하는 대로

길상의 부호는 구체적인 자연물을 형상화한 것도 있지만, 기복신 앙적인 요소가 짙기 때문에 아무래도 추상적인 내용들이 많다. 광동 성에 있는 여성 다이어트 컨설팅 회사인 내서아(奈瑞兒)의 심벌마크는 전통 길상인 '여의(如意)'를 소재로 삼고 있다. 회사 홈페이지에 "내서아 의 기업 심벌마크는 '여의' 형상을 채택한 것인데, 내서아에 오시는 모 든 고객들의 몸과 마음이 원하는 대로 아름다워지길 바란다는 의미를 담고 있다. 동시에 내서아 상품의 우수한 가치를 전달하고, 이로써 여 성들이 추구하는 완벽한 몸매와 멋진 인생을 창도하겠다는 의지를 표 현한다"[30]고 밝히고 있다. 여의라는 말이 "뜻한 바대로"이므로, 원하는 대로 다이어트에 성공시켜 원하던 몸매를 만들어 주겠다는 회사 영업 목적과 아주 부합하는 심벌마크인 셈이다.

석도성(釋道誠)의 『석씨요람(釋氏要覽)』에 의하면 본래 여의라는 말은 인도 범어인 '아나율(阿娜律)'이 어원이라고 한다. 이는 불가에서 사용

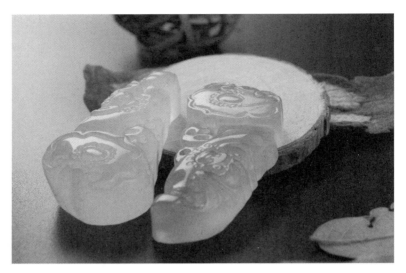

그림 26   여의 모양으로 만든 옥기(玉器)

한 불구(佛具) 중 하나로, 인간의 마음 즉 '심(心)'을 형상화한 것이다. 대나무, 뼈, 나무, 옥, 돌, 동, 철 등으로 그 모양을 제작했는데, 승려들이 설법을 할 때 그 위에 경문(經文)을 적어 잊지 않도록 대비하는 데 사용했다. 일설에는 손이 닿지 않는 등을 긁을 때 사용하는 도구에서 시작되었다고도 한다. 그래서 처음에는 끝부분이 사람 손가락 형태로 생겼는데, 닿지 않는 곳이 없고 맘먹은 대로 긁을 수 있다고 하여 여의라고 불렀다. 또한 군왕이 손에 쥐고 있어 존칭의 의미로 군을 붙인 '악군(握君)', 아주 친밀한 친구라는 의미의 '집우(執友)', 승려들이 설법을 할 때 쥐고 있는 불진(佛塵)이란 자루를 의미하는 '담병(談柄)', 남의 도움이 필요치 않다는 의미의 '불구인(不求人)' 등의 별칭이 있다.

이후 조형미를 추구하면서 그 모양도 변천되어 구름, 영지 형태 등이 생겼고 그 쓰임도 장식용으로 변모하였다. 특히 청대에는 황제가 등극하거나, 생일, 명절 등 각종 기념일이면 전국에서 각종 귀한 재료로 제작한 여의가 진상되었다고 한다. 실제로 중국 사극을 보면 황가나 귀족 집안의 배경에서 이 여의 모양의 장식품을 자주 볼 수 있다.

내서아 이외에도 산동성에 위치한 중국 최대 접착제 제조회사인 동아아교(東阿阿膠), 방직업체인 산동여의(山東如意), 훈툰(餛飩)으로 유명한 강소성의 식품업체 여의식품(如意食品), 복건성(福建省)의 고가구 전문업체인 관일고전가구(冠壹古典家具) 등 많은 기업에서 여의 문양을 심벌마크로 삼고 있다.

상서로운 기운을 주는 구름

여의와 형태적으로 매우 유사하게 생긴 길상문양이 있는데, 바로 '운문(雲紋)'이다. 말 그대로 구름 문양을 말하는데, 여의와 형태가 유사하다. 옛 전설에 "구름신이 비를 관장한다(雲神司雨)"고 했는데, 비는 오곡(五穀)의 생산과 매우 밀접한 관련이 있다. 풍성한 수확을 바라는 사람들에게 있어 비를 내려 주는 구름은 자연스럽게 숭배의 대상이 되었다. 또한 구름의 출현은 용이나 봉황 등 신수(神獸)와 연계되어 신령스러운 이미지를 낳게 되었고, 상서로움이 깃든 구름을 '상운(祥雲)'이라 칭했다. 북주(北周)의 유신(庾信)은 「광요공 우문공에게 바치는 신도비문(廣饒公宇文公神道碑)」에서 "상서로운 구름이 경내로 들어오니 비도 따라 집을 적시는구나"[31]라며 상운을 기대하는 마음을 노래하였다.

이후 민간에서는 자연스럽게 복식이나 가구 같은 생활용품이나 전지, 연(風箏), 칠기(漆器) 등 공예품의 장식에 구름 문양을 사용하면서 길상의 의미를 부여하게 되었다. 운문을 심벌마크에 사용한 기업으로는 광동성 심천시의 유명 레스토랑인 일화헌(逸和軒), 국영기업인 서안그룹 산하 광서물업관리(廣瑞物業管理), 심천시의 수정 장식품 제조업체 상운수정실업(祥雲水晶實業) 등이 있다. 또한 2008년 북경 올림픽 공식 후원사였던 중국 최대 컴퓨터 제조업체인 레노보그룹(聯想集團有限公司)

그림 27 매화, 복(福) 자 매듭, 그리고 상서로운 구름 문양으로 디자인한 도안. 상운(祥雲)은 보통 신수인 용, 봉황 혹은 길상수(吉祥樹) 등과 함께 등장한다.

은 당시 올림픽 성화봉 '상운화거(祥雲火炬)'를 디자인하였는데, 바로 이 상운을 소재로 하여 만들었다.

천하를 안정시키는 길조, 봉황

2016년 영국 파이낸셜타임즈와 맥킨지에서 선정한 '중국 10대 글로벌 명품 브랜드'에 선정된 에어차이나(中國國際航空公司)에서 사용하는 심벌마크는 신수 길상을 사용한 대표적 예이다. 바로 전설 속 상상의 새인 봉황(鳳)을 나타낸 것이다. 허신의 『설문해자』에서는 봉황에 대해 "동방 군자의 나라에서 나왔는데, 사해 밖에서 날아올라 곤륜산을 넘어 지주에서 물을 마시고 약수에서 깃을 씻고 저녁에는 풍혈에서 잠을 잔다. 봉황이 나타나면 천하가 크게 안정된다"[32]고 하였다. 민간에서는 전설상의 제왕 황제(黃帝)가 죽기 전에 이 새가 출현했고, 마지막으로 나타난 곳은 안휘에 있는 명의 창건자 주원장(朱元璋)의 아버지 무덤이었다고 전해지기까지 하니 이처럼 날짐승 가운데 가장 신령스러운 봉황을 항공사에서 채택한 것은 매우 자연스러운 일이다.

이 외에도 주얼리 회사인 상해 노봉상(老鳳祥)과 홍콩의 유명한 위성방송사인 봉황TV(鳳凰衛視) 등도 회사명과 심벌마크에 봉황을 사용하고 있다.

최근 우리나라에서는 기존의 항공사 말고 저렴한 가격으로 틈새를 이용해 급성장하고 있는 저가항공사들을 많이 볼 수 있다. 중국도 비슷한 상황인데, 그중 주목받고 있는 항공사로 상해 길상항공(吉祥航空)이 있다. 일단 회사명에서부터 길상이라는 단어가 들어가 있으며, 공식 홈페이지에 기재된 회사 슬로건이 "길상의 항공사에서, 뜻한 대로 귀가하세요"[33]

그림 28 북경 천단(天壇)공원 기년전(祈年殿)의 섬돌 사이에 놓인 용봉계석(龍鳳階石) 중 봉황석조(鳳凰石彫) (촬영: 이기훈)

라서 이를 통해 항공회사로서 가장 중요한 평안과 안전을 추구하고 있음을 잘 알 수 있다. 뿐만 아니라 항공사의 심벌마크 역시 에어차이나와 마찬가지로 봉황을 상징화한 것인데, 차이가 있다면 바로 중국 고대 장식품인 옥패(玉佩)의 형상을 하고 있다는 점이다.

옥패란 말 그대로 옥으로 만든 패물로, 중국인들이 가장 좋아하는 보석인 옥을 사용해 몸에 지닐 수 있도록 만든 물건이다. 전국 및 진한(秦漢) 시기부터 이미 보편적인 장식으로 사용되었는데 옥황(玉璜), 옥벽(玉璧), 옥형(玉珩) 등을 실에 묶어서 몸에 휴대함으로써 신분과 위엄을 드러냈다. 그 옥패의 문양 가운데 가장 흔한 것이 바로 용과 봉황인데, 일종의 원시부족의 토템이다. 용봉(龍鳳)에 관한 여러 가지 전설 중 두 부족이 전쟁 끝에 병합함으로써 천하에 태평이 오고 오곡이 풍성하게 되어 자연스럽게 길조와 축원을 표시하는 길상의 표시가 되었다는 것이 일반론이다.

기쁜 소식을 알리는 까치

봉황의 예와 같이 신수를 회사의 이미지로 형상화한 예는 더 자주 찾아볼 수 있다. 상해 희작장식디자인(喜鵲裝飾設計), 성도(成都) 희작기업관리자문(喜鵲企業管理咨詢), 복건성 용암(龍岩) 희작방직(喜鵲紡織) 등은 모두 까치(喜鵲)를 회사명이나 회사의 심벌마크로 사용하고 있다. 민간에서 까치는 보희(報喜) 즉 기쁜 소식을 알린다고 하여 길상의 상징으로 알려져 있다. 여러 가지 관련 전설이 있는데, 다음의 이야기가 유명하다.

당나라 정관(貞觀, 627~649) 말에 여경일(黎景逸)이라 부르는 자가 있었는데 그의 집 대문 앞 나무에 까치집이 있었다. 그는 항상 까치둥지에 있는 새끼들을 돌보았는데, 이 일이 오래되자 까치에 대한 애정이 각별해졌다. 그러다가 한번은 여경일이 억울하게 옥살이를 하게 되었

그림 29　까치가 매화나무를 향해 날아가는 모습으로 '희상미초(喜上眉梢)'란 길조를 표현한 풍경화

는데, 갑자기 자신이 돌보던 까치가 감옥 창밖에 날아와서 계속 울어 대었다. 그는 왠지 좋은 일이 생길 것 같다고 생각했고, 3일 후에 무죄로 석방되었다. 이 일로부터 까치는 길조를 뜻하게 되었고, 민간에 까치를 그려 기쁜 소식을 상징하는 일이 크게 유행하였다.

　가령 까치 두 마리가 마주하고 있으면 '희상봉(喜相逢)'이라고 불렀고, 까치 두 마리에 옛날 동전을 함께 그려 놓고 '희재안전(喜在眼前)'이라고 하였다. 또 오소리(獾) 한 마리와 까치 한 마리가 각각 나무 아래와 나무 위에서 서로 쳐다보는 모습을 '환천희지(獾天喜地)'라고 하였고, 까치가 매화나무 가지 위에 올라앉은 조합을 가지고 '희상미초(喜上眉梢)'라고 하였다. 전자에서 환(獾[huān])은 환(歡[huān])으로, 후자에서 미(眉[méi])는 매(梅[méi])로 각각 동음이의어를 이용한 대체 상징이라는

중국 길상문화

것은 더 이상 설명하지 않아도 알 수 있을 것이다.

『개원천보유사(開元天寶遺事)』에는 "당시 사람들의 집에서 까치 소리를 들으면 모두 기쁜 조짐이라고 여겼다. 그래서 까치가 기쁜 일을 알린다고 말한 것이다"[34]라고 설명하였고, 또『금경(禽經)』에서 "영물인 까치는 기쁜 일의 조짐이다(靈鵲兆喜)"라고 풀이한 바 있다. 이렇게 까치는 기쁜 소식을 알리는 길조로 정형화되어 민간의 풍속화, 전지나 조각공에 등에 단골 도안으로 사용된다. 당연히 오늘날의 기업들도 그러한 전통을 이어받아 회사명이나 심벌마크로 까치를 사용하게 된 것이다.

효심으로 만들어진 약

북경에서 유학 중 다행히도 큰 병치레는 없었지만, 간혹 환절기 때 만나는 목감기는 피할 수 없던 통과의례였다. 매번 한국에서 약을 공수해 먹기도 힘들어서 중국 친구의 소개로 판람근(板藍根) 같은 중의(中醫)약을 사서 복용하곤 했다. 지금 생각하면 다소 웃기는 일이지만, 2003년 중국 전역에 사스(SARS)가 창궐했을 때 유학생들 사이에서는 판람근이 예방약이라는 소문이 돌아 일부 약국에서 동이 났던 기억이 난다. 그리고 어느 해인가 북경에 방문한 한 교수님이 감기에 걸리셨는데, 마침 어느 선배가 한 가지 약을 강력하게 추천하였다. 곁에 있던 필자도 귀담아 들었다가 나중에 구매해 보았는데 그 약이 바로 경도염자암(京都念慈庵)에서 생산한 천패비파고(川貝枇杷膏)이다.

보통의 회사에서 단순한 영문 이니셜을 주로 사용하는 것과 달리 경도염자암의 심벌마크는 다소 복잡한 그림으로 구성되어 있다. 도안은 대략 다음과 같다. 연꽃 형태의 원형 테두리 안에 상단에는 '경도염자암산품계열(京都念慈庵産品系列: 북경 염자암 상품 시리즈)'이라는 회사명과 하단에는 '청인효친도위기(請認孝親圖爲記: 효친도를 확인해 기억하세요!)'라는 글자가 적혀 있다. 오른쪽에서 장포(長袍)를 입은 젊은 남자가 약사발을 두 손으로 받쳐 들고 왼쪽의 의자에 앉아 있는 백발이 성성한 노

그림 30 모친에게 약을 드리는 모습을 그린 효친도가 경도염자암의 심벌마크이다.

중국 길상문화

파에게 건네고 있다. 바로 효친도(孝親圖)인데, 이 그림이 그려지게 된 배경에는 다음과 같은 이야기가 있다.

청대 강희(康熙) 연간(1662~1722)에 한 고을의 현령으로 양근(楊謹)이란 자가 있었다. 그는 효심이 매우 깊어서 백성들로부터 양효렴(楊孝廉: 효심이 깊고 청렴하다는 뜻)이라고 불렸다. 부친은 일찍이 세상을 뜨고 어머니 혼자서 집안 살림을 도맡아 온갖 고생을 하였기에 양근의 모친은 폐질환과 천식 등에 시달렸다. 양근은 모친의 지병을 치료하기 위해 백방으로 수소문한 끝에 섭천사(葉天士)라는 명의를 만나게 되었다. 그로부터 '천패비파고'라는 약의 제조법을 얻어 어머니의 병을 치료할 수 있었다.

훗날 모친은 죽기 전 약의 제조법을 세상에 알려 더 많은 환자들이 고통에서 벗어날 수 있게 하라는 유언을 남긴다. 이에 양근은 약 이름을 염자암(念慈庵)이라 지어 사람들에게 보시하였고, 아울러 효친도를 그려 후손들에게 부모에게 경로하는 전통 미덕을 잊지 않도록 전했다고 한다.

양근이 사망한 후 그 후손이 북경에 공장을 설립해 약을 생산하기 시작했는데, 약 이름 앞에 수도라는 의미인 '경도(京都)' 두 글자를 추가했다. 민국시기에 이 후손은 전쟁을 피해 홍콩으로 갔다가 다시 브라질로 이민을 하게 되는데 이때 염자암의 전통이 사라질 것을 걱정하여 사조방(謝兆邦)이란 사람에게 제조 비법과 권리를 넘긴다. 1946년 사조방은 홍콩에서 '경도염자암총창유한공사(京都念慈庵總廠有限公司)'를 창립하고 오늘날 제약계 유명 상표로 성장하게 된다.

사실 경도염자암의 심벌마크는 길상의 의미와 완전히 부합하지는 않는다. 다만 회사의 창립 기원이자 동양 사회의 전통 관념인 '효'라는 사상을 내세워 한편으로는 전승이라는 창업 이념을 강조하고 다른 한편으로는 믿음이라는 상품가치를 강조하는 문화적 함의를 지니고 있기에 살펴볼 만하다.

4장
취미활동과 길상

인간과 동물이 함께 거처하는 이유는 대략 세 가지 정도로 나눌 수 있겠다. 당연히 첫 번째로는 인간의 생존을 위해 식량으로서 키우는 가축이 있을 것이고, 또 한 가지는 각종 생활용도로 가령 집을 지키기 위해 개를 키우고 교통수단으로서 말을 키우며 쥐를 잡기 위해 고양이를 키우는 것 등이다. 마지막 한 가지는 바로 그 동물의 외형이나 성격을 좋아하여 각별히 애정을 주고 취미로 사육하는 애완동물(寵物)이다. 중국은 오래된 역사만큼이나 인간과 동물이 함께한 사건과 일화가 다양하다. 그래서 『시경』에만 해도 112종의 동물이 기록되어 있고, 각종 우언(寓言)고사나 지괴(志怪)소설에서도 여러 동물이 끊임없이 등장하고 있다. 하지만 역시 애완용으로서 동물을 키운 사례는 그다지 흔해 보이지는 않는다. 현대적인 개념의 애완동물은 명·청시대에나 들어서야 본격적으로 시작되는 듯하다. 하지만 명·청시대부터라고 해도 이미 수백 년의 역사를 가진 셈이고, 중국인들의 동물 사랑은 길상이 더해져 그들만의 독특한 문화로 표현되고 있다.

관직을 받은 학

여기서 다소 황당하지만, 옛 중국인의 못 말리는 동물 사랑에 관한 이야기를 잠시 살펴보도록 하겠다. 고대 봉건시대에 관직을 얻거나 작위를 받는 사람은 십중팔구 왕공귀족 아니면 공을 세운 신하들일 것이다. 그런데 공적을 세우기는커녕 아예 사람도 아닌 동물이 관직과 봉록을 받은 일이 있다. 춘추시대 위(衛)나라 18대 군주인 의공(懿公)은 재위 8년간 황음무도했으며, 사치와 낭비가 심하기로 유명하다. 그런 의공이 학을 키우는 것을 몹시 좋아하였는데, 종일토록 곁에 두고 있으면서 손에서 놓지 않았고 학을 국보로 삼았다. 더욱 기막힌 것은 이 학에게 관직과 봉록을 내렸고, 학을 위한 전용 수레를 준비하도록 했다는 것이다. 결국 민심이 이반하였고 오랑캐 적(翟)이 쳐들어왔지만, 학에게 감투를 씌우는 어리석은 군주를 위해 전쟁터에 나가는 백성은 없었다. 결국 의공은 영택(榮澤)이라는 지역까지 피난을 갔지만 적에게 붙잡혀 비참하게 죽었다고 한다.

이 의공에 버금가는 인물이 하나 더 있으니 바로 북제(北齊)의 군주 고위(高緯)이다. 고위는 무성제(武成帝)의 장자로서 5대 황제로 등극하였는데, 정치적 능력이 상당히 떨어졌던 모양이다. 특히 신하들에게 관직 주기를 남발하기로 유명했던 그는 태감에서부터 노비는 말할 것도 없고 창기들에게까지 관직을 주었다고 한다. 그래서 나라에 '개부(開府)'라는 관리가 천여 명에 이르렀고, '의동(儀同)'이라는 직위는 셀 수도 없을 정도였다. 또한 황궁의 모든 궁녀들에게는 '군관(郡官)'이라는 직책을 내렸다. 더욱 상식에 어긋난 것은 자신이 키우는 개, 말, 매, 닭에게까지 개부, 의동, 군관 등의 관직을 준 것이다. 또한 이 동물들을 위해 관복을 만들고 관저를 짓게 하였고 태감과 궁녀들에게 이 동물들을 대동하여 조회에 나오도록 하고 함께 정사를 보았다고 한다. 실정이 이 정도에 이르렀으니 나라가 어떻게 되었는지는 명약관화하다.

어쩌면 이것이 애완동물에 관한 중국 역사상 최초의 구체적인 기록일 것이다. 비록 어리석은 군주의 행위를 견책하기 위한 기록일지라도 어쨌든 고대 중국에서도 인간이 동물을 애호하여 별도로 사육한 사례가 분명히 있었음을 확인할 수 있다. 이 외에도 한나라 문제가 서역의 한혈마(汗血馬)를 몹시 좋아했고, 청대 자희태후(慈熙太后)가 경파구(京巴狗) 즉 페키니즈를 매우 좋아했다는 것 역시 잘 알려진 사실이다.

사실 특정 동물을 애호하는 데는 여러 가지 경로와 이유가 있겠지만, 적어도 중국인들에게 있어서 대중적인 선호를 받았다는 것은 길상하고 관련이 있을 것이다. 이들은 주로 어떤 역사적 사건으로 동물이 사람을 돕거나, 종교적 상황으로 신령함을 지녔다고 전해지거나 또는 이름이나 외형을 통해서 복을 준다고 믿게 되면 길상과 연계하곤 했다. 이제부터 중국인들이 선호하는 여러 가지 애완동물과 그 길상의 의미를 살펴보도록 하자.

행운의 곤충, 여치

제60회 아카데미 시상식 9개 부문 수상이라는 타이틀을 가진 베

르나르도 베르톨루치 감독의 영화 〈마지막 황제〉는 청나라 마지막 황제인 부의(溥儀)의 파란만장한 인생과 격동의 시기를 거쳐 무너져 가는 거대한 제국의 모습을 보여 준 작품이다. 영화의 전반부에 즉위식을 올린 부의가 백관들에게 인사를 받는 장면이 나온다. 부의가 자금성 대전 앞마당에 엎드려 있는 대신들 사이를 돌다가 우연히 대신 진보침(陳寶琛)의 몸에서 나는 소리를 듣고 그 앞에 멈춘다. 늙은 신하는 어쩔 수 없이 옷섶에서 여치집을 꺼내 바치고 부의는 이를 자신의 옥좌에 숨긴다. 그리고 다시 영화 막바지에, 공산혁명 이후 늙고 초라해진 부의가 한때 자신의 자리였던 옥좌에 앉으며 어린 시절 숨겨 놓았던 여치집을 꺼내 들고 웃음을 짓는데, 참으로 인상 깊은 장면이다.

여기서 중국인들의 독특한 취향을 볼 수 있는데, 바로 여치 키우기이다. 여치는 메뚜기목에 속하는 곤충이다. 중국어로는 궈궈(蟈蟈[guōguo])라고 부르는데, 우는 소리에서 비롯된 이름 같다. 기록에 의하면 상고 시대 우(禹)임금이 여치를 숭배하였다. 고문(古文)에서 우(禹)는 벌레(蟲)를 뜻하는 말로, 우충(禹蟲)은 당시 우족(禹族)의 토템인 셈이다. 『순자(荀子)』「비상(非相)」에 "우임금은 절름발이(禹跳)"라는 말이나 양웅(揚雄)의 『법언(法言)』「중려(重黎)」에서 "옛날 사씨(우임금)가 물과 땅을 다스릴 때 다리에 병이 있어 절뚝거렸는데, 이후 우임금께 제사를 지낼 때 무당들이 그 모습을 따라했다"[35]라는 구절은 모두 여치와 관련된 것이라 한다.

이후 『시경』의 「칠월(七月)」, 「초충(草蟲)」, 「종사(螽斯)」와 같은 작품 등에도 여치의 왕성한 번식력이 단골 소재로 등장한다. 명나라 태감 유약우의 『작중지』「내신직장기략(內臣職掌紀略)」에는 황궁 안에 두 개의 문을 명명할 때 '백대(百代)'와 '천영(千嬰)'이라는 여치의 이름을 사용했다는 기록이 보인다. 이 역시 여치의 다산능력을 높이 샀음을 반영하는 것이다. 이후 중국 민간에서는 여치의 왕성한 번식력을 추앙하여 다산을 기원하면서 여치의 경사가 이어진다는 뜻의 '종사연경(螽斯衍慶)'이라는 길상어를 사용하기 시작했다.

대만의 고궁박물원에는 여러 가지 진귀한 보물들이 전시되어 있는데 그중 단연 사람들의 눈길을 끄는 것이 바로 〈취옥백채(翠玉白菜)〉

그림 31 〈취옥백채(翠玉白菜)〉는 본래 북경의 영화궁(永和宮)에 있었다고 한다. 현재 대륙의 천진박물관(天津博物館)에는 〈비취곡곡백채(翡翠蟈蟈白菜)〉가 있다.

이다. 이는 옥을 깎아서 만든 작품으로, 하얀색과 초록색을 절묘하게 구분하여 실제 배추처럼 조각하였다. 그 위에 곤충 두 마리가 앉았는데, 바로 종사(螽斯)와 황충(蝗蟲)이다. 종사와 황충은 여치와 메뚜기로, 모두 자손의 번영을 뜻하는 것이다. 백채(白菜[báicài])는 동음이의어로 '백재(百財[bǎicái])' 즉 수많은 재산을 의미하면서 동시에 순결을 뜻한다. 일설에

이 보물은 청 광서제(光緒帝)의 비인 근비(瑾妃)가 시집을 때 가져온 혼수품이라고 한다.

한편 민간에서 여치와 국화를 함께 그림의 소재로 자주 사용하는데, 이는 괵(蟈[guō])과 관(官[guān]) 혹은 관(冠[guàn])의 발음이 서로 유사하고, 국(鞠[jū])과 거(居[jū])의 발음이 같은 점에 착안하여 관거일품(官居一品) 즉 "최고 벼슬에 오른다"는 의미이다. 여치는 몸체의 색상에 따라 여러 종류로 나뉜다. 취괵괵(翠蟈蟈), 흑철괵괵(黑鐵蟈蟈), 산청괵괵(山青蟈蟈), 이색괵괵(異色蟈蟈), 홍갈괵괵(紅褐蟈蟈), 황금괵괵(金黃蟈蟈), 오색괵괵(五色蟈蟈), 백괵괵(白蟈蟈) 등등 매우 다양한데, 순전히 색상 때문에 여치를 키우는 사람도 있다고 한다. 이렇게 해서 여치는 관상용으로, 소리를 즐기는 명충(鳴蟲)으로, 다산과 벼슬을 상징하는 길상으로 널리 알려진다.

사적인 이야기이지만 여치를 직접 경험한 일이므로 잠시 몇 자 적어 보겠다. 필자가 북경에 박사반 입학을 준비하러 들어간 2001년 겨울에 있었던 일이다. 당시 방문학자로 북경에 머물던 한문교육학 전공의 선배가 내일이면 귀국한다면서 선물이라며 구두 상자 같은 것 하나를 내밀었다. 그 안에는 여치 한 마리가 들어 있었고, 먹이라면서 당근과 배추를 잔뜩 채로 썰어 놓은 비닐봉지 하나를 추가로 건넸다. 박사과정 입시를 준비 중인 후배에게 주는 선물치고는 괴상하고도 황당하였지만, 제법 연배 차가 나는 선배께서 주신 것을 거절할 수가 없었다.

나를 더욱 아연실색하게 만든 것은 상자 안에 들어 있던 중지만 한 여치의 크기였다. 여치는 전체적으로는 초록색이었는데, 아마도 오색 꾁꾁쯤 되는지 배에는 오색찬란한 색깔을 띠었다. 거짓말이라 할지 모르겠으나 지금도 찌르찌르 우는 소리에다가 당근을 사각사각 씹어 먹던 소리까지 생각나 소름이 끼친다. 아무튼 당시 며칠을 버티다가 도저히 감당이 안 되어 기숙사 청소부에게 여치를 넘기고 말았다.

나중에 들어 보니 그 여치는 선배가 고위관리로 퇴직한 노인의 집에 초대되었을 때 선물로 받은 것이고, 제법 값어치가 나가는 관상용 애완동물이었던 것이다. 지금 같았으면 계속 키웠거나 혹은 좋은 값에 되팔았을 텐데, 하는 아쉬움이 남지만 길상의 의미가 담긴 여치 덕분에 박사과정에 순조롭게 입학한 것 같아 그 선배에게 감사하는 마음뿐이다.

한편 여치와 함께 3대 명충 중 하나로 알려진 귀뚜라미 역시 길상의 의미를 가진 애완동물로 볼 수 있다. 고대 문헌에서는 이 두 가지가 명확한 구분 없이 혼재되어 기록되어 있다. 귀뚜라미는 실솔(蟋蟀), 중국어로 '시슈아이[xīshuài]'라고 하는데 속칭 곡곡(蛐蛐), 야명충(夜鳴蟲), 장군충(將軍蟲), 추충(秋蟲), 투계(鬪鷄), 촉직(促織), 추직(趨織), 지나팔(地喇叭), 조계자(竈鷄子), 손왕(孫旺), 토철(土蛪) 등 부르는 법도 다양하다.

귀뚜라미는 한해살이 곤충으로 보통 가을에 가장 왕성하게 생식을 한다. 따라서 고대부터 가을을 알리는 전령사로 여겨졌다. 위진시대에는 가을에 베 짜는 부녀들을 재촉하는 소리라고 하여 촉직 또는 추직이라 불렀다. 유주(幽州) 지역의 속담에는 "귀뚜라미가 우니, 게으른 부녀자가 놀란다(趣織鳴, 懶婦警)"는 말이 있다.

그런 귀뚜라미 소리를 중국인들은 매우 좋아하였는데, 이를 종종 악기에 비유하기도 했다. 『개원천보유사』에는 "왕궁에서 가을 흥취로 시녀들이 모두 금으로 만든 작은 바구니에 귀뚜라미를 잡아 머리맡에 걸어 두고 밤에 그 소리를 들었다. 그래서 민간에서도 이를 따라하였다"[36]라는 기록이 있다. 궁궐에서 유행한 독특한 취향이 전파되면서 일반인들도 풍성한 가을을 알리는 귀뚜라미 소리를 즐기기 위해 대나무 등 여러 소재를 이용해 집을 만들어 몸에 지니고 다니게 된 것이다. 이로써 귀뚜라미는 자연스럽게 길상충이 되었다.

더욱 재미난 것은 귀뚜라미의 호전성을 이용해 놀이로 즐긴 것인데, 고양이 수염을 가지고 귀뚜라미를 흥분시켜 서로 물고 뜯는 싸움을 붙이니 결국 도박으로까지 발전하였다. 귀뚜라미싸움(鬪蟋蟀)은 다른 말로 추흥(秋興), 투촉직(鬪促織), 투곡곡(鬪蛐蛐)이라고도 한다. 포송령(蒲松齡)의 『요재지이(聊齋志異)』「촉직(促織)」에 귀뚜라미에 관한 내용이 나오는데, 대략의 줄거리는 다음과 같다.

명 선덕(宣德) 연간(1426~1435) 궁중에서 귀뚜라미놀이가 유행하여 매년 민간에서 귀뚜라미를 징발하게 되었다. 이 귀뚜라미라는 놈은 본래 섬서 지역의 특산물이 아니었다. 하지만 화음현(華陰縣)의 현령 하나가 상관에게 잘 보이기 위해 바쳤던 귀뚜라미 한 마리가 유달리

싸움을 잘하자 매년 이 지역에 상납 명령이 떨어지게 된 것이다. 현령은 그 일을 하위관리인 이정(里正)들에게 맡기고 독촉했다. 시정의 건달들은 튼튼한 귀뚜라미를 잡아 충롱(蟲籠) 속에 넣고 키우다가 때가 되면 가격을 높이 매겨 폭리를 취하곤 하였다. 교활한 아전들이 그 명목으로 주민들에게 비용을 부담시켰기 때문에 매번 한 마리가 상납될 때마다 몇 가구가 파산하는 지경에 이르렀다.

이 읍에 성명(成名)이란 자가 있었는데, 사방으로 귀뚜라미를 구하러 다녔지만 구하지도 못하고 곤장을 맞는 억울함을 당한다. 보다 못한 그의 처가 무당을 찾아가 방책을 얻고 이로써 귀뚜라미를 찾게 되지만, 그의 어린 아들이 몰래 꺼내 보다가 잘못하여 귀뚜라미가 죽게 된다. 이에 성명이 대로하자 이를 견디지 못한 그 아들이 우물에 빠져 목숨을 끊는다. 하지만 그 아들의 혼령이 귀뚜라미로 환생하고, 성명은 이를 진상하여 부역도 면하고 상도 받게 된다는 내용이다. 황당한 소설 같은 이야기지만, 『요재지이』가 당시의 부정부패와 사회의 어두운 일면을 적나라하게 묘사하고 있음을 감안하면 실제로 귀뚜라미놀이가 황실부터 민간까지 보편적으로 퍼져 있었고 그 정도가 어떠했는지를 잘 알 수 있다.

『연경세시기(燕京歲時記)』에 따르면 "칠월 중순이면 귀뚜라미가 나오는데, 귀한 것은 금 여러 개 가치에 달한다. 백마(白麻) 같은 머리, 황마(黃麻) 같은 머리, 게 다리 같은 청색, 비파색 날개, 매화(梅花)색 날개, 대나무 마디 같은 수염 등의 분류법이 있는데, 그렇게 생긴 것이 싸움을 잘했다"[37]고 한다. 등급이 높은 것은 돈이 얼마가 들든지 아끼지 않았으며 좋은 귀뚜라미는 반드시 청백색의 도자단지 등에 넣어 소지하였다. 그래서 이름난 "귀뚜라미 단지로는 영락관요, 조자옥, 담원주인, 정헌주인, 홍징장, 백징장과 같은 종류가 있었는데, 좋은 제품은 한 세트에 10금(金)이나 하였다."[38]

『부훤잡록(負暄雜錄)』에 따르면 '귀뚜라미싸움'이란 놀이는 당 천보(天寶) 연간(742~756) 즉 현종(玄宗) 때부터 유행했다고 한다. 당시 장안에서는 상아를 깎아 집을 만들어 귀뚜라미를 키우는 풍속이 성행했다. 이러한 기풍은 그대로 송대로 전해져서 북송 때는 이 귀뚜라미싸움 도박 때문에 크고 작은 문제가 많이 발생했다고 한다. 남송 때는 이미 도성뿐 아니라 많은 지역에서 즐겼고, 귀족에서 일반 백성은 말할 것도 없이 승려들도 즐기던 놀이였다.

남송 말 태사평장(太師平章) 가사도(賈似道)가 귀뚜라미싸움의 마니아로 유명하다. 『송사(宋史)』의 기록에 따르면 가사도는 몽골군이 쳐들어왔을 때도 나랏일은 나 몰라라 하고 귀뚜라미싸움에 푹 빠져 결국 나라가 망하게 되었다고 한다. 게다가 그는 귀뚜라미에 워낙 조예가 깊어 『촉직경(促織經)』이란 전문서적까지 남긴다.

명나라 때는 5대 황제인 선종(宣宗)이 귀뚜라미놀이를 좋아한 나머지 '촉직천자(促織天子)', '실솔황제(蟋蟀皇帝)'라고 불리는 불명예를 안았는데, 바로 위에서 언급한 『요재지이』「촉직」의 배경이 되겠다. 9대 황제인 헌종(憲宗) 역시 귀뚜라미놀이를 즐겨 〈어화원상완도(御花園賞玩

圖)〉라는 그림에 그 장면이 묘사되어 있다. 또『유남수필(柳南隨筆)』에는 남명(南明)의 간신 마사영(馬士英)이 나오는데, 청군(淸軍)이 성 앞까지 다다랐는데도 모를 정도로 귀뚜라미 도박에 빠져, 사람들이 '실솔상공(蟋蟀相公)'이라 불렀다고 한다.

이처럼 오랜 기간 동안 귀뚜라미놀이가 유행했으므로 지금까지 여전히 지역마다 성행하고 있음은 말할 것도 없고, 오랜 역사만큼이나 심도 있는 이론을 구비한 사육법, 싸움법 등이 전해지는 것은 당연한 일일 것이다. 무엇보다도 귀뚜라미를 아끼고 좋아하는 마음이 자연스럽게 귀뚜라미를 길상동물로 승격시킨 것은 아닐까 하는 생각이 든다.

부자들이 키우는 북경견

사실 애완동물 하면 가장 먼저 떠오르는 것은 개이다. 포유류 중 가장 오래된 가축으로 거의 전 세계에서 사육되고 있으니 개가 중국만의 특별한 애완동물은 아닐 것이다. 하지만 길상과 관련하여 언급하지 않을 수 없는 것이 있으니, 바로 북경견(北京犬) 페키니즈(Pekingese)이다. 경파견(京巴犬), 궁정사자구(宮庭獅子狗)라고도 부르는 이 종은 4천여 년 이상의 역사를 갖고 있다. 북경견에 대한 기록은 8세기 당나라 때부터 보인다. 당시에 북경견은 황족들만이 키울 수 있어서 만약 민간에서 함부로 키우다 발각되면 형벌에 처해졌다고 하며, 황제가 사망한 뒤 부장품으로 함께 매장했다는 기록도 보인다.

이후 송대에는 지금의 사천 나강현 특산으로 짧은 꼬리에 붉은 털을 지니고 있다고 하여 나홍견(羅紅犬) 또는 나강견(羅江犬)이라고 불렀고, 원대에는 금빛 털을 가지고 있다고 하여 금사견(金絲犬), 명·청대에는 모란꽃처럼 붉은 털을 지녔다고 하여 모란견(牡丹犬)이라고 불렀다. 특히 청대 말에는 그 유명한 자희태후가 북경견을 몹시 좋아하였는데, 역시 일반 백성들이 키우는 것은 허락되지 않았으나 당시 귀족들 사이에서는 유행이 되어 버렸다. 관리들은 북경견을 '몸에 휴대하는(隨身携帶)' 필수품처럼 들고 다닐 정도였고, 하도 소매에 넣어 다니자 수견(袖犬)이라는 별칭이 만들어지기까지 한다. 어쨌든 이러한 연고로 북경견은 지금까지도 중국인들에게는 부유한 자만이 소유할 수 있는 길상을 상징하는 애완동물이 되었다.

울음소리도 길상인 화미

중국에서 새벽에 주변 공원을 나가 보면 여러 가지 진풍경을 볼 수 있다. 그중에도 노인들이 새장을 하나씩 들고 나와 산책하거나 나무에 걸어 놓고 기공(氣功)과 같은 체조를 연마하는 모습이 특히 인상적이다. 중국어로 이런 행위를 '류니아오(遛鳥[liùniǎo])'라고 한다. 바로 집에서 키우는 새에게 산책을 시켜 주기 위해 새장을 통째로 들고 나오는 행위를 말한다. 보통 예민한 새가 놀랄까 파란색 천으로 감싸 가지고 나오는데, 공원에 도착하면 새장을 나뭇가지에 걸어 두고 천을 벗긴다. 또 어떤 이는 아예 삼륜 자전거 뒤에 네댓 개나 되는 새장을 싣고 나오기도 한다. 사실 "가축을 끌고 다니다(遛)"라는 말은 비단 새뿐만이 아니라 개, 고양이, 말에게 모두 적용이 가능한 것인데, 어쩌면 이렇게 새장을 들고 나와 산책하는 일은 중국인만의 독특한 문화가 아닌가 싶다.

그림 32 북경의 공원에서 '류니아오' 하는 모습을 흔히 볼 수 있다.

일설에 류니아오는 청나라 팔기자제(八旗子弟) 즉 청나라 팔기군의 후손들로부터 시작된 것이라고 한다. 팔기는 청나라 초기에 왕권을 공고히 하기 위해 도성을 여덟로 나누어 각 지역을 담당하여 방위하던 일종의 군 편제이자 거주 편제인데, 태평성대가 지속되고 관직에서 멀어진 그 후손들이 선택한 소일거리 중 하나이다. 본래 유목민족인 만주족은 초원에서 매와 같은 새를 즐겨 길렀는데, 말 그대로 중원으로 입관(入關)한 이후 그러한 습관이 작은 새를 새장에 넣고 집에서 그 소리나 모습을 즐기는 형태로 변모되었다는 것이다. 당시 팔기자제들의 이런 모습을 "새 둥지 들고 나뭇가지에 걸어 둔다(提籠架鳥)"라고 표현했는데, 이는 한때 할 일 없는 사람들을 비난하는 말로 사용되기도 하였다.

『연경잡기(燕京雜記)』의 기록에 의하면 청말 민초에 "북경 사람들은 새를 많이 키우는데, 거리의 행인들 중엔 팔에 매를 매달고 가는 자, 조롱에 백설을 넣고 다니는 자, 또는 장대에 작은 새를 올려놓고 다니는 자가 있다. 할 일 없이 다니면서도 외출할 때면 반드시 새를 휴대했다. 모든 찻집에는 여러 개의 장대가 난간에 꽂혀 있었고, 그 새들은 몇십 금이나 되는 가치가 있다."[39] 이 새 애호가들이 선호한 새는 큰 종류로 화미(畵眉)와 백령(百靈)이 있고, 작은 종류로는 홍자(紅子)와 황조(黃鳥)가 있다.

보통 실내에서 조롱(鳥籠) 즉 새장 안에 새를 넣어 키우기 마련인데, 새도 좁은 공간에 오래 있으면 스트레스를 받아 그 울음소리를 잃게 된다. 그래서 새에게 울음소리를 가르쳐야 하는데, 가장 좋은 방법이 바로 류니아오를 통해 다른 새를 만나 배우는 것이다. 즉 류니아오는 스트레스를 푸는 산책이자 동시에 다른 새로부터 우는 법을 배우는 교류의 장이기도 하다.

그렇다면 어째서 중국인들은 이렇게 새 키우는 것을 좋아할까? 역시 길상과 관련이 있는데, 중국인들이 집에서 키우는 사조(飼鳥) 가운데 화미를 언급하지 않을 수 없다. 화미는 우리말로 흰눈썹웃음지빠귀라고 한다. 몸은 갈색이지만, 눈 주변에 마치 화장을 한 것처럼 하얀 원형의 문양과 선이 있어서 생긴 이름이다. 중국에서 동남아까지 고루 서식하는 이 새는 그 별명도 다양하다. 생김새를 강조하여 객화미(客畵眉), 금화미(金畵眉), 백설조(百舌鳥), 사냥하는 모습을 강조하여 호아(虎鴉), 영웅조(英雄鳥), 소리를 강조하여 반설(反舌), 임중가수(林中歌手), 조류의 가창가(鳥類的歌唱家), 미류지왕(鶥類之王), 미류가성(鶥類歌星) 등으로 부르는데, 그중에서도 화미라는 이름을 얻게 된 데에는 다음과 같은 고사가 전해진다.

춘추시기 오(吳)나라가 멸망한 후 범려(范蠡)와 서시(西施)는 월(越)나라 왕 구천(句踐)에게 살해당할까 두려워 이름을 바꾸고 덕청현(德清縣)에 있는 여산(蠡山)에 숨어 살았다. 아름다운 서시는 매일 저녁 인근 강가 돌다리에 나와서 강물을 거울 삼아 눈썹을 그리는 등 치장을 하곤했다. 그러던 어느 날 황갈색의 작은 새들이 돌다리로 날아오더니 그녀 주변에서 지저귀는 것이었다. 그것뿐 아니라 그 새들은 서시가 눈

썹을 그리는 것을 보고는 이를 따라 뾰족한 부리로 서로 눈썹을 그려
주기 시작했고, 정말로 얼마 지나지 않아 눈썹 같은 문양이 생겼다.
범려가 이를 보고 신기하게 여기며 서시에게 무슨 새냐고 묻자 아름
다운 하얀 눈썹이 있으니 화미라고 답했다. 이는 필시 사람들이 화미
의 하얗게 그린 것 같은 예쁜 문양을 아름다운 서시와 결부시켜 만들
어 낸 이야기일 것이다.

그림 33　홍콩의 새 시장인 원포가(園圃街) 작조화원
(雀鳥花園)의 새장을 전문적으로 판매하는 가게 (촬영:
이기훈)

북송의 저명한 정치가이자
문학가인 구양수(歐陽脩)는 화
미를 소재로 「화미조(畫眉鳥)」란
시를 창작하기도 했다. "온갖
소리 지저귀며 마음대로 옮겨
다니고, 산꽃은 울긋불긋 나무
위아래 피었구나. 처음 알게
되었네 금새장 속 새소리가,
숲속에서 자유롭게 우는 것만
못한 것임을."[40] 이 시는 「군수
(구양수)의 거처에서 백설(화미
조) 소리를 듣다(郡齋聞百舌)」이
란 제목으로도 알려졌는데, 조
정에서 쫓겨난 자신의 처지를
새장에 갇힌 화미에 비유하는

중국 길상문화

내용이다.

이러한 내용을 통해 고대부터 많은 사람들이 화미의 독특한 문양과 모습을 좋아하였으며, 일찍부터 이를 새장에 가둬 두고 애완용으로 키웠음을 알 수 있다. 특히 민간에서는 오래전부터 화미를 길상조(吉祥鳥)로 여겼는데, 이는 울음소리와 관계가 있다. 화미는 '구성진 소리로 지저귀기(鳴囀)'를 잘하고, 그 소리 또한 크고 낭랑하다. 그런데 특이하게도 그 끝소리가 마치 "루이루이" 하는 것이 소위 중국어의 '루이[rúyì]' 즉 여의(如意)와 흡사하다고 하여 사람들이 이를 여의조(如意鳥)라고 부르게 된 것이다. 또한 화미의 번식기는 봄과 여름 사이로, 수컷의 울음이 가장 잦은 때이기도 하다. 만물의 생명력이 가장 왕성할 때 길상을 상징하는 '루이'라는 울음을 우는 새이니 그야말로 길조가 아닐 수 없다.

이상 북경의 새 키우기를 주로 언급하기는 했지만, 실제로 중국 천진, 남경 등 고도(古都)에서부터 남방의 광주, 복주, 홍콩에 이르기까지 지역마다 다른 새와 다른 사육법으로 다양한 새 키우기 문화를 보유하고 있어 중국 전역에서 보편적으로 새 키우기를 즐기고 있음을 확인할 수 있다.

이윤과 잉어

이 책의 1장에서 별도로 다루지는 않았지만, 사실 연화에서 흔하게 보이는 길상소재 가운데 하나가 바로 잉어나 금붕어와 같은 물고기이다. 가령 동자가 연꽃 위에 앉아 자기 몸만 한 커다란 잉어를 안고 있는 그림을 '연연유어(蓮連有魚[liánliányǒuyú])'라고 부르는데 바로 '연연유여(年年有餘[niánniányǒuyú])'와 동음이의어로, 해마다 여유롭고 풍요롭기를 기원하는 말이다. 민간에서는 이러한 이야기가 전해지기도 한다. 땅에 가뭄이 들자 옥황상제가 용왕을 시켜 비를 내리도록 했는데, 바닷물을 비로 만들어 내리는 도중 급하게 서두르다가 바닷속 고래까지 같이 내리게 한 것이다. 옥황상제의 꾸중이 두려웠던 용왕은 꾀를 내어 '물고기를 땅에 파견해 백성들을 해마다 풍요롭게 하고자(年年有餘)한 것'이라고 변명하였다. 그 뒤로 옥황상제는 그 물고기를 어신(魚神)으로 명해 인간 세상에 해마다 풍요로움을 주도록 했다는 것이다.

중국에서는 고대부터 물고기에 대한 매우 독특한 문화적 상징이 만들어졌는데, 바로 편지를 부칠 때 물고기 형상을 만들어 보낸 것이다. 일설에 따르면 사람들이 비단에 쓴 편지를 보낼 때 잉어의 뱃속에 담아 상대방에게 보냈다는데 이를 '어전(魚箋)'이라고 했다. 한대 채옹(蔡邕)의 악부시에는 "객이 먼 곳에서 와, 나에게 잉어 한 쌍을 전했네. 아이를 불러 그 잉어를 삶게 했더니, 그 속에서 비단 편지가 나왔네"[41]

라는 구절이 나와 이를 반증하고 있다. 편지를 전해 줌을 일컫는 '어전 척소(魚傳尺素)'라는 성어는 바로 여기서 생긴 것이다.

당대 이상은(李商隱)의 「영호 낭중에게 부치는 글(寄令狐郎中)」이란 작품에서 "숭산의 구름과 진나라의 나무는 오래도록 떨어져 살았는데, 멀리서 한 쌍의 잉어가 나에게 왔구나"[42]라고 했는데, 여기서도 '쌍어(雙魚)'는 바로 편지를 말한다. 어소(魚素), 어부(魚符), 어계(魚契) 등도 모두 편지를 뜻하는 말이다. 이 외에도 명절 때 어등(魚燈)을 다는 일이나 어고(魚鼓)를 치는 행위 등은 물고기가 그저 먹거리로 그치는 것이 아니라 여러 가지 문화적 기호를 가지고 있다는 점을 말하고 있다.

상해나 절강성 일대에서는 음력설에 재신(財神)을 맞이하는 풍습이 있는데, 바로 살아 있는 잉어를 끈으로 묶어 붉은 종이에 싸서 제수로 올리고 이를 원보어(元寶魚)라고 부른다. 또 일부 지역에서는 조기(黃魚) 두 마리를 쟁반에 올려 바치기도 하는데, 여기서 금빛을 띠는 조기는 바로 금을 상징하는 것이다. 이렇게 잉어(鯉[lǐ])는 이윤(利[lì])과 동음이의어이고 황금빛을 띤 물고기는 금을 상징하는 것으로, 물고기는 재화를 상징하는 길상의 아이콘이 되었다. 그래서 중국인들이 '금붕어를 키우는 것(養金魚)'은 바로 '금과 옥이 가득한 집안(金玉滿堂)'이 되기를 바라는 일이다.

이처럼 전통적인 물고기 키우기는 단연 금붕어와 잉어류가 가장 흔한 대상이지만, 지금은 관상어의 품종도 다양하고 사육 도구나 시스템도 발달되어 열대어, 담수어 등 각종 희귀한 어종까지 키우는 지경에 이르렀다. 동남아 지역이나 중국 남방인들이 특히 좋아하는 관상어 중에는 아로와나 즉 금룡어(金龍魚)라는 것이 있는데, 역시 부를 상징하는 길상어에 해당한다. 그 종류도 다양하여 금룡(金龍), 은룡(銀龍)은 복을 상징하고, 홍룡(紅龍)은 재화를, 청룡(靑龍)은 장수를 상징한다.

이 물고기는 대형 담수어로 비늘이 매우 큰 것이

그림 34　북경의 유명 식당 화가이원(花家怡園)의 내부에 장식된 전통식 자기 어강(魚缸) (촬영: 이기훈)

특징인데, 그 모습이 마치 장수가 갑옷(盔甲)을 착용한 것 같다고 하여 장수, 통솔과 연계되면서 자연스럽게 왕자, 패자를 상징하게 되었다. 그래서 소위 재계의 갑이 되고 싶어 하는 수많은 CEO들이 앞다투어 자신의 저택이고 사무실에 대형 수족관을 설치해 아로와나를 키우는 일이 유행하게 된 것이다.

이상의 내용을 통해 중국인들은 동물을 매우 실용적으로 취급하고 있음을 알 수 있다. 식용으로, 각종 생활용도로 키우는 것은 말할 것도 없고 애완용에 있어서도 그저 애호와 취향에서 그치는 것이 아

중국 길상문화

나라 길상의 의미를 부여하여 건강, 재화, 장수 등을 추구하고 있으니 그야말로 길상을 위해 동물을 키우고 있다고 말해도 과언이 아닐 듯 싶다.

중국의 국화는 두 가지?

중국인들의 취미활동 중에서 동물을 키우는 일이 큰 비중을 차지하지만, 식물을 키우는 일 또한 비중이 적지 않다. 사실 마당을 가진 웬만한 집에는 동물은 없어도 화초나 나무 한 그루쯤은 있으니, 식물을 키우는 취미활동이 훨씬 보편적이라 말해도 과언은 아닐 것이다. 길상과 관련하여 중국인들이 특히 좋아하는 식물 몇 가지를 소개해 보고자 한다.

전 세계 모든 나라에 국기가 있듯이 국화(國花)가 있어서 나라의 행사에 장식되고 나라를 상징하는 도안으로 활용되고 있다. 그렇다면 중국의 국화는 무엇일까? 결론부터 말하자면, 중국엔 아직 국화가 없다. 사실 오래전부터 국화에 관해 여러 논쟁이 있어 왔다. 1903년 청 조정에서는 모란(牡丹)을 국화로 정하였고, 이후로 1915년에 출간된 『사해(辭海)』라는 사전에 모란이 국화로 언급되었다. 하지만 1929년 중화민국 정부에서 매화를 국화로 정하였고, 1949년 중화인민공화국이

세워진 이후 모택동이 매화를 매우 좋아했다 하여 매화를 국화로 정하는 것이 주된 의견이었는데, 결국 확정 짓지는 못했다.

1994년에는 근 10개월의 토론 끝에 31개 성(省) 중 약 58%인 18개 성에서 '일국일화(一國一花)'로 모란을 찬성했고, 이후로도 2005년 중국 화훼협회에서 모란을 국화로 할 것을 건의해 중국 최대의 정치행사인 전국양회(全國兩會)에서 공식 채택되기를 기대하였다. 하지만 지지부진하게 결말을 내지 못하고 여전히 의견만 분분한 채 북방 지역에서는 모란을, 남방 지역에서는 매화를 지지하고 있다. 따라서 여기서는 중국에서 가장 오래도록 사랑받는 꽃인 매화와 모란이 가진 길상의 의미에 대해 설명해 보도록 하겠다.

희색이 만연함을 상징하는 매화

먼저 매화는 매난국죽 사군자 가운데 하나로, 중국에서는 이미 3천년 전부터 재배했다는 기록이 보인다. 대략 육조시기부터 사섭(謝燮)의 「조매(早梅)」나 하손(何遜)의 「영조매(咏早梅)」 같은 매화를 소재로 한 시들이 등장한다. 당나라 때 양귀비가 나타나기 전까지 현종의 총애를 한 몸에 받았던 강채평(江采萍)은 매화를 좋아했고 또 그 기품이 매화를 닮았다 하여 매비(梅妃)라고 불렀다.

송대 저명한 문학가 소식(蘇軾)은 「중은당시(中隱堂詩)」에서 "이월의 추위가 매화를 놀래켜 뒤늦게 피었지만, 이곳엔들 그윽한 향이 없을 리가 있겠나? 부드러운 자태는 먼 데서 온 나그네를 위로하고, 새하얀

색깔은 오나라 미인을 닮았구나"[43]라고 노래하여 매화를 고귀한 존재로 상향시켰다는 평을 듣는다. 이런 과정을 거쳐 매화는 자연스럽게 엄동설한을 이겨 내는 불굴의 기상과 절개를 의미하고, 나아가 민족의 영웅들을 대표하게 된다. 또 때로는 고결함과 고상함을 나타내는 소재로 사용되기도 하고, 은자(隱者)의 풍모에 비유되기도 하였다.

민간에서 매화는 길상희경(吉祥喜慶)을 의미한다. 그래서 "매화가 다섯 가지 복을 피운다(梅開五福)"라는 말이 생겼는데, 오복은 바로 복록수희재(福祿壽禧財)를 말한다. 또 "매화는 네 가지 덕을 갖추고 있다(梅具四德)"고 하여 "처음 싹이 나면 으뜸, 꽃을 피우면 향유, 열매를 맺으면 이익, 성숙하면 정절(初生爲元, 開花爲享, 結子爲利, 成熟爲貞)"을 나타낸다.

또 희작(喜鵲) 즉 까치가 매화나무의 가지(梅梢)에 앉은 모습으로 "이른 봄을 기쁘게 알린다"라는 뜻의 희보조춘(喜報早春), 희보춘광(喜報春光)이나 "기뻐서 눈꼬리가 올라가다. 즉 희색이 만연하다"라는 뜻의 미양첨희(眉樣添喜), 희상미초(喜上眉梢) 등의 길상어를 나타낸다. 이는 바로 동음이의어 즉 해음(諧音)를 이용하는 것으로, 기쁘다는 뜻의 '희(喜)'는 까치를 나타내고 눈썹이란 뜻의 '미(眉[méi])'는 '매화(梅[méi])'를 상징한다.

또 송대 시인 양만리(楊萬里)가 「병리매화(瓶里梅花)」란 작품을 남긴 사실을 보면 중국에서 매화 꽃꽂이의 역사 또한 매우 오래되었음을 알 수 있다. 오늘날에도 많은 중국인들이 집에서 화병이나 분재로 매화를 키우며 고상한 취미활동으로 즐기고 있다.

나라의 절색이 된 모란

모란의 재배 역사 역시 매우 오래되어『신농본초경』에 "모란은 맛이 시고 차가운 성질을 지녔는데, 녹구 또는 서고라고도 부르며 산골짜기에 자란다"[44]라는 기록이 보인다. 또 당대 위현(韋絢)의『유빈객가화록(劉賓客嘉話錄)』에 "북제의 양자화가 모란을 그린 것이 매우 분명하다. 자화는 북제 사람이므로 모란이 이미 오래되었음을 알 수 있다"[45]라는 기록과『태평어람(太平御覽)』에서 사강락(謝康樂)이 "남조 송나라 때 영가[지금의 온주(溫州) 일대]의 수변 대나무 숲 사이에 모란이 많다"[46]고 한 말 등을 통해 남북조시대부터 정식으로 재배되었음을 유추할 수 있다.

당나라 때는 양귀비와 관련된 이야기를 빼놓을 수가 없다. 양옥환(楊玉環)은 당초 남편 수왕(壽王) 이모(李瑁)를 따라 장안으로 들어올 때 낙양에서 모란을 가져왔다. 그런데 자신이 거주하는 수왕부(壽王府)에 심을 공간이 부족하여 청선사(淸禪寺)에 심었고, 이것이 사원과 민간에서까지 모란 재배가 성행하는 계기가 되었다. 양옥환이 청선사에서 모란을 감상하는데 그녀의 미모에 부끄러워 꽃들이 고개를 숙였다는 이야기가 현종의 귀에까지 들어가게 된다. 이는 훗날 '수화(羞花)'라는 고사로 전해진다. 현종은 그녀를 간택해 귀비(貴妃)라 명하고 그녀를 위해 여산(驪山)에 모란원(牡丹園)을 조성한다. 그리고 그녀가 침향정(沉香亭) 앞에서 모란을 감상하자 궁중 음악가 이귀년(李龜年) 등에게 창을 시키고 이것도 부족해 이백을 불러 새로운 시를 짓게 하니 이렇게 해서 그 유명한 「청평조(清平調)」가 탄생한다. "명화(名花)와 미인을 둘 다 얻어, 언제나 임금님은 웃음 띠고 바라보네. 봄바람 무한히 질투할 것을 알면서도, 그들은 침향정 북쪽 난간에 기대섰네"[47]라는 시구에서 명화는 모란을, 미인은 양귀비를 가리키고 있음을 알 수 있다.

당말 유명 시인 유우석(劉禹錫)은 「상목란(賞牡丹)」에서 "오로지 모란만이 진정 나라의 절색이니, 꽃피는 시절이면 도성을 뒤흔드네"[48]라고 하여 모란을 국색(國色)으로 만들었다. 송대에는 주요 재배지가 다시 장안에서 낙양으로 이동하고, 구양수의 『낙양모란기(洛陽牡丹記)』, 주사후(周師厚)의 『낙양모란기』와 『낙양화목기(洛陽花木記)』, 장순(張峋)의 『낙양화보(洛陽花譜)』, 육유(陸游)의 『천팽(지금의 사천 성도 서북) 목란에 대한 기록(天彭牡丹譜)』과 같은 전문적인 저술이 출현한다. 명·청시기에는 재배기술이 발전하여 재배지가 안휘, 산동, 광서, 흑룡강 등 전국으로 확장된다.

1949년 이후로는 낙양과 하택(菏澤)을 중심으로 전문연구기관인 모란연구소 등이 설립되었고, 모란이 국화로 선정될 수 있도록 부단히 노력하고 있다. 민간에서 목란은 꽃이 크고 넓기 때문에 '백화지왕(百花之王)'으로 부르면서 원만(圓滿), 부귀, 짙은 애정 등을 상징하는 길상물이 되었다. 그래서 지금도 많은 사람들이 정원 가득 모란을 재배하는데, 최근에는 관상용뿐만 아니라 약용이나 식용으로도 개발하고 있다.

황금이 주렁주렁 매달린 금귤

　필자가 광동과 홍콩, 해남 등지를 답사하면서 들른 현지 가정이나 식당에서 몹시 눈에 띄는 화분을 여러 차례 목격한 바 있다. 바로 금귤(金橘)이었는데, 우리가 먹는 귤보다 훨씬 작아서 관상용으로 만든 미니 화분 정도로만 생각했다. 나중에 알고 보니 남방 지역에서는 일종의 재물을 상징하는 길상수로 여겨 집안에 장식하거나 마치 한국에서 지인이 개업하면 난과 같은 화초를 보내듯이 새로 사업을 시작하는 이에게 주는 선물 중 하나였다. 이 역시 재화를 추구하는 길상문화

그림 35 　복건성 남정현(南靖縣) 장씨가묘(張氏家廟) 처마에 장식된 금귤 (촬영: 이기훈)

중국 길상문화

와 연관된 소재이므로 살펴보지 않을 수 없겠다.

금귤은 금길(金桔) 또는 금감(金柑)이라고도 부른다. 상록 관목수로 중국에서는 주로 진령(秦嶺) 이남 지역인 광동, 해남 등지에 서식한다. 금길에서 금(金)은 금전을, '길(桔[jú])'은 '길(吉[jí])'과 해음으로 상서로움을 나타내어 '재화를 부르는 상서로움(吉祥招財)'을 뜻하고 있다. 풍수적으로는 먼저 금귤 과실이 균일하고 풍성하게 열려야 하는데, 이는 재운(財運)이 고르고 왕성하게 이루어짐을 말한다. 또 잎의 색이 푸른 녹색이어야 하는데, 이는 복록(福祿)으로 집안에 생기발랄한 기운을 가져다줌을 말한다. 또 나무 줄기가 곧아야 하는데, 이는 만사 추진하는 일에 막힘이 없이 바로 해결됨을 말한다. 마지막으로 과실이 크고 광택이 나는 것을 선택해야 하는데, 이는 큰일을 이루고 또 원만히 승진하게 됨을 말한다.

광동 사람들은 매년 설을 쇨 때면 이 금귤나무를 구입해 자신의 집안에 놓고 "모든 일이 순조로워 운수가 대통하기(大吉大利)"를 기원한다. 뿐만 아니라 그들만의 독특한 취식방법이 있는데, 바로 '함금길(鹹金桔)'이다. '함(鹹)'은 짜다는 뜻으로, 절인 음식을 말한다. 보통 설에 구입해 장식한 금귤을 정월 대보름이 지나면 따서 소금, 설탕, 간장 등을 넣고 절인다. 그리고 환절기 때 감기 증상, 특히 목이 아플 때를 이를 꺼내 먹으면 효과가 좋다고 한다.

금귤과 유사한 식물로 유가(乳茄)라는 과실수도 눈여겨볼 만하다. 유가는 황금과(黃金果)라고도 하며 또 마치 고무장갑에 바람을 불어 넣으면 손가락이 삐쭉 튀어나온 것 같은 특이한 모양이라 오지가(五指茄)라고도 불린다. 가지과에 속하는 식물로 주로 광동, 광서, 운남 일대에서 재배된다. 민간에서 유가는 일종의 길상식물로 오복이 집으로 들어온다는 오복임문(五福臨門), 금과 옥이 집안에 가득해진다는 금옥만당(金玉滿堂), 재산이 많고 지위가 높아진다는 부귀발재(富貴發財) 등을 상징한다. 특히나 자손이 대대손손 이어져 번창한다는 의미를 지니고 있어 조상을 모신 사당에 제수로 반드시 올린다.

이 외에도 소나무는 고대부터 상서로운 나무로 여겨져 장수를 상징해 소나무와 측백나무처럼 생동하는 봄과 같다는 뜻의 '송백동춘(松柏同春)', 소나무와 국화처럼 수명을 연장한다는 뜻의 '송국연년(松菊延年)' 등의 길상어로 사용되었다. 또 송대 왕안석(王安石) 등의 문인들에 의해 고아한 공자(公子)에 비유되기도 했다. 천죽(天竹), 남과(南瓜), 장춘화(長春花) 등의 식물을 함께 조합하여 "온 천지가 오래도록 봄날 같다(天地長春)"란 의미를 부여하고, 국화(菊花)와 구기(枸杞)를 조합하여 "해가 갈수록 장수를 더해 감(延年益壽)"을 상징하기도 한다. 또 홰나무 괴(槐)는 장수를, 홍두(紅豆)는 그리움을, 석류(石榴)는 다산을, 귤(橘)은 대길(大吉)을, 불수(佛手)는 행복을 상징하는 것으로 모두 중국인들이 좋아하는 길상식물이다.

5장
먹을거리와 길상

한 해를 바꾸면서 먹는 교자

중국 최대 명절인 춘절(春節)이 되면 온 가족이 모여 풍성한 식사자리를 준비한다. 이때 없어서는 안 될 음식이 있으니 바로 교자(餃子)와 춘권(春卷)이다. 사실 지금은 명절뿐만 아니라 평상시에도 자주 먹는 음식이 되어 버렸지만, 옛날에 먹을거리가 풍부하지 않았을 때는 정말 특별한 날에만 먹는 음식이었다.

교자는 보통 우리처럼 찜통에 쪄서 먹기보다는 데쳐서 먹는 경우가 많다. 그래서 물에 데쳐 먹는 것은 수교(水餃[shuǐjiǎo]), 프라이팬에 튀겨 먹는 것은 전교(煎餃[jiānjiǎo])라고 부른다. 중국인들은 외식을 하면 여러 가지 요리를 먹고 마지막으로 소위 주식(主食)을 먹는데, 웬만한 식당에는 다 수교와 전교가 있다.

교자의 기원은 설이 분분하지만 일반적으로는 동한의 의원 장중경(張仲景)이 겨울철 병자들의 언 귀를 녹이기 위해 밀가루 반죽 안에 고기와 약재를 넣어 만든 '교아(嬌耳)'에서 비롯되었다고 한다. 이후 삼국시기에는 송곳니 모양이란 뜻의 '월아혼돈(月牙餛飩)', 당대에는 반달 모양이란 뜻의 '언월형혼돈(偃月形餛飩)', 송대에는 각진 모양이란 뜻의 '각아(角儿)' 등으로 불렀는데, 이것이 몽골 지역으로 전파되어 납작한 모양이란 뜻의 '변식(匾食)'으로 불리기도 한다. 그리고 청대에 이르면 이 교자를 섣달그믐 밤 즉 자시(子時)에 먹기 시작했는데, 이는 "한

그림 36　겨울철 동상에 걸린 귀를 치료하기 위해 처음 만들어졌다는 교자. 주로 돼지고기와 함께 셀러리(芹菜[qíncài])나 부추(韭菜[jiǔcài])를 많이 넣는데, 전자는 근면(勤[qín])을, 후자는 영구(久[jiǔ])를 상징한다.

해를 갱신하고 자시를 교체한다(更歲交子)"는 의미가 된다. 여기서 교자(交子[jiāozi])는 즉 교자(餃子[jiǎozi])와 동음이의어가 되니 '온 가족이 모여 기쁘게 경축하고(喜慶團圓)' '뜻한 바대로 길한 일이 생기길 바라는(吉祥如意)' 음식이 된 것이다.

　　일설에는 교자의 모양이 원보(元寶) 즉 고대 화폐와 같이 생겼다고 하여 교자를 먹는 행위는 바로 "재운을 불러온다(招財進寶)"는 뜻이 되어 새해에 반드시 해야 하는 습속이 되었다고 한다. 또 어떤 지방에서는 교자를 빚을 때 동전을 넣기도 하는데, 이 교자를 먼저 먹는 사람이 그 해에 돈을 벌게 된다 하니 참으로 재미있는 풍습이다.

봄에 먹는 춘권

한편 춘권은 '교춘(咬春)'으로부터 시작된다. '교춘채(咬春菜)'란 봄철에 먹는 음식으로 "입춘 날에 무를 베어 먹는다"는 의미를 담고 있다. 북경이나 산동 등 북방 지역에는 봄이 오면 무를 베어 먹는 풍습이 있는데, 무에는 약간의 맵고 쓴 맛이 들어 있어 뿌리 부분을 베어 삿된 것을 없애 버리고 만사형통을 기원하는 것이다. 또 무를 먹어 봄철에 병에 잘 걸리지 않도록 했다는데, 아마도 옛날에는 겨우내 신선한 채소를 먹지 못하다가 봄에 새로 캐낸 무를 먹으면서 비타민 등을 섭취

그림 37   최근에는 작춘권(炸春卷)이라 하여 주로 튀겨서 먹는다.

하여 건강을 지키는 효과를 취한 것 같다. 그래서 "입춘에 먹는 무는 배보다도 맛이 좋다(咬春的蘿卜賽過梨)"와 "무가 시장에 나오면 의사는 철시한다(蘿卜上市, 郎中下市)"라는 속담이 생기기도 하였다.

흥미로운 것은 이렇게 봄철 음식을 먹는 풍습이 이미 동진(東晉, 317~420) 때부터 시작되었다는 점이다. 당시엔 춘반(春盤)이라고 불렀는데, 입춘이 되면 밀가루로 반죽해 만든 얇은 전병에 채소를 넣어 먹는 식이었다. 당대에는 더욱 성행하여『사시보경(四時寶鏡)』에 보면 "입춘 때 무, 춘병, 채소를 먹는데, 이를 채반이라 불렀다(立春, 食蘆·春餠·生菜, 號菜盤)"고 말한다. '노(蘆)'는 갈대를 뜻하기도 하지만 여기서는 내복(萊菔) 즉 무의 별칭을 의미한다. 따라서 '食蘆'란 위에서 말한 무 베어 먹는 풍습을 가리킨다.

그리고 춘병[chūnbǐng]이 바로 춘권에 해당하는 것이다. 춘병은 다섯 종류의 매운맛을 지닌 채소를 냉채로 해서 먹는다는 뜻으로 오신반(五辛盤)이라고도 했고 또 연잎 모양의 전병이란 뜻에서 하엽병(荷葉餠)이라고도 하였다. 송대에는 춘충(春茞)이라고 불렀는데, 이는 만물이 생동하는 봄날에 각종 채소를 함께 먹으면서 한 해 농사가 풍성하고 소, 말, 양, 돼지, 개, 닭 등 육축(六畜)이 잘 자라기를 기원하였기 때문이다.

중국 길상문화

물만두는 혼돈?

위에서 중국 교자 이야기를 했는데, 사실 우리에게는 교자라는 말보다는 만두라는 말이 좀 더 익숙하다. 군만두, 찐만두, 물만두, 왕만두, 고기만두, 김치만두 등 보통 앞에 수식어를 넣어 구분하는 식이다. 요새야 중국을 오가는 사람들이 많아서 만두를 접해 본 사람이 많겠지만, 사실 우리가 통칭하는 만두에는 꽤나 자세한 구분과 명칭이 있다는 것은 접해 본 사람도 잘 알지 못한다.

만두(饅頭) 즉 '만토우'는 보통 소를 넣지 않고 밀가루만을 발효시켜 찐 음식으로 만두(蠻頭) 혹은 만두(曼頭), 막(饃), 증막(蒸饃)이라고도 부른다. 송나라 고승(高承)의 『사물기원(事物紀原)』「주례음식(酒醴飲食)」「만두(饅頭)」에서 만두의 유래에 대해 다음과 같이 설명하고 있다. "제갈량이 맹획을 정벌할 때 사람들이 오랑캐 지역은 사악한 술법이 많아서 신에게 기도를 올려 음병(귀신군사)의 힘을 빌리는데, 오랑캐 풍속에는 반드시 사람을 죽여 그 머리를 제사로 올려야만 신이 흠향하고 군사를 낼 수 있다고 말했다. 하지만 제갈량은 이를 따르지 않고 양과 돼지고기를 섞은 후 밀가루 반죽에 싸서 사람의 머리 모양으로 만들어 제사를 지내게 하였다. 신도 역시 흠향하여 출병을 하였다. 이로부터 후대인들이 만두를 만들게 된 것이다."[49]

또 명나라 낭영(郎瑛)의 『칠수유고(七修類稿)』에도 "만두(饅頭)의 본래 이름은 만두(饅頭)이다. 오랑캐 지역에서는 사람의 머리로 신에게 제사를 지냈는데, 제갈량이 맹획을 붙잡고 밀가루 반죽으로 고기를 싸서 제사를 지내도록 명령했다고 하여 만두(饅頭)라고 말했다"[50]라는 기록이 있다. 이 내용들에 의하면 만두 역시 본래는 고기소를 넣었다는 것을 알 수 있다. 이후 어떻게 변화되었는지는 알 수 없으나 현대에 와서 만두는 소가 없는 것을 지칭한다는 사실은 분명하다. 어쨌든 현대에 와서는 다양한 모양과 형태로 만두를 즐기는데, 가령 금은만두(金銀饅頭)는 튀겨서 황금색을 띤 만두와 쪄서 은색을 띤 만두를 함께 담아 놓은 음식이다. 길상수도(吉祥壽桃)는 둥근 모양에 분홍색 색소를 입혀 복숭아 모양처럼 만든 만두인데, 장수를 상징하여 새해나 어른의 생신에 내놓는 길상음식이다.

소가 없는 것이 만두라면, 소가 있는 것은 무엇이라 부르는가? 바로 포자(包子) 즉 '빠오즈'라고 하는데 고기가 들어간 것은 육포(肉包), 채소가 들어간 것은 채포(菜包) 등으로 구분한다. 우리가 잘 아는 샤오룽빠오(小籠包) 역시 포자의 한 종류이다. 『애죽담담수(愛竹淡談藪)』에 "송나라 때 손림이라는 의사가 영종의 임질을 치료하기 위해 만두에 마늘, 발효콩을 넣어 매일 세 번 복용하도록 하자 3일째 병이 사라져 사람들에게 신의라는 말을 듣게 되었다"[51]라는 기록과 『연익이모록(燕翼詒謀錄)』에 "인종의 탄신일에 여러 신하들에게 포자를 하사했다"[52]라고 적혀 있는 것으로 보아 이미 송대부터 포자라는 말도 사용한 듯하다. 위와 같은 기록을 보면, 고대에는 만두와 포자의 구분이 다소 모호했음을 알 수 있다. 보통 전해지는 바에 의하면 북방에서 주로 소가 없는 것을 만두, 소가 있는 것을 포자라고 불렀다고 한다.

그러면 물만두는 또 무엇이라 부르는가? 혼돈(餛飩) 즉 '훈툰'이라고 한다. 훈툰의 유래에 관해서는 무려 세 가지 설이 전해진다. 첫 번째 흉노(匈奴)설이다. 한나라 때 북방에는 흉노족이 살았는데, 걸핏하면 변경 지역을 침략하여 백성들을 괴롭혔다. 당시 흉노의 여러 부족 가운데서도 혼씨(渾氏)와 둔씨(屯氏) 두 족장이 흉악하기로 이름이 났다. 그래서 백성들은 만두를 빚어 혼(渾)과 둔(屯) 두 글자를 따서 이름을 붙이고 이를 먹으면서 경계의 의미를 두었는데, 요즘 식으로 소위 소심한 복수를 했다는 이야기이다.

두 번째는 도교(道敎)설이다. 도교에서는 매해 교리에 따라 동지가 되면 각 도관(道觀)에서 성대한 법회를 연다. 이때 도사들은 경전을 읊고 제물을 바치며 세상만물이 생겨난 근원이라고 여기는 원시천존(元始天尊)의 탄신을 경배한다. 그와 같이 민간에서는 훈툰을 만들어 먹으면서 원시천존이 혼돈을 타파하고 천지개벽한 것을 기념했다는 것이다. 『연경세시기』에 "혼돈의 모양이 달걀과 같아서 천지혼돈의 모습과 상당히 닮았다. 그래서 동지에 그것을 먹는 것이다"[53]라는 기록이 보인다.

세 번째는 서시(西施)설이다. 춘추전국시대 오왕 부차(夫差)는 월나라를 침공해 월왕 구천을 생포하고 각종 금은보화를 획득하였다. 뿐만 아니라 가장 진귀한 보물이라 말할 수 있는 절세미녀 서시를 얻게 되었는데, 이후 국사는 돌보지 않고 종일토록 음주가무에만 빠지

그림 38　우리의 물만두에 비해 피가 얇고 하늘거리는 것이 특징인 훈툰

게 되었다. 동짓날에도 마찬가지로 문무백관들로부터 조례를 받고 연회를 열기 시작했는데, 어쩐 일인지 산해진미도 마다하고 우울해 있었다. 이를 본 서시가 주방으로 가서 직접 밀가루 반죽을 하고 새로운 모양의 만두를 빚어 이를 탕국으로 올렸다. 탕국을 맛본 오왕은 흡족해하며 음식의 이름을 물었다. 급하게 손으로 빚은 만두피가 탕 안에 너풀거리고 있는 모습인 데다가 서시는 평소 마음속으로 황음무도한 오왕의 행태를 싫어했기에 즉흥적으로 '혼돈'이라고 말했다. 이로부터 민간에서는 서시의 지혜와 용기를 칭찬하며 동지에 훈툰을 만들어 먹기 시작했다는 것이다.

　위에 나열한 세 가지 유래설은 사실 신빙성이 크게 떨어진다. 하

중국 길상문화

지만 여러 기록에 의하면 적어도 남송 때부터 동지가 되면 훈툰을 먹으면서 선조를 기리는 풍속이 있었다는 것은 분명하다. 그 풍속이 지금까지 내려오면서 각 지역마다 약간의 변형된 형태와 다양한 명칭이 생겨났다. 가령 사천에서는 초수(抄手)라고 부르는데, 매운맛의 천국인 만큼 홍유초수(紅油抄手)가 유명하다. 호북에서는 보통 수교(水餃)라고 부르는데 일부 지역에서는 포면(包面)이라고도 한다. 안휘에서는 주로 포복(包袱)이라 부른다. 오방언(吳方言)을 사용하는 상해, 절강 등 강남 지역과 광동 지역에서는 운탄(雲呑[yúntūn])이라고 칭한다. 이 운탄을 영어로 'wonton'이라 하여 홍콩 등을 통해 서양에도 널리 알려지게 되었다. 복건에서는 편식(扁食) 혹은 편육(扁肉)이란 말로 불린다.

이상 만토우, 빠오즈, 훈툰이라는 세 가지 음식의 유래와 차이에 대해 알아보았다. 하지만 결국 모두 서민들이 즐기는 음식이라는 점, 또한 전통 명절이나 연회석상에서 빠지지 않고 등장하는 일종의 길상 음식이라는 점은 한결같은 공통점이라 말할 수 있겠다.

복록을 상징하는 겨울간식

제46회 칸영화제 황금종려상을 수상한 천카이거(陳凱歌) 감독의 영화 〈패왕별희(霸王別姬)〉는 경극을 모티브로 하여 중국의 역사와 문화를 잘 묘사한 유명한 작품이다. 극의 초반, 기생인 엄마 손에 이끌려 경극학교에 입학하게 되는 어린 데이(蝶依)는 고된 훈련과 혹독한 체벌을 운명으로 생각하며 살아간다. 그러다가 이 지겨운 현실에서 도피하기 위해 사형 라이즈(癩子) 및 친구들과 학교를 탈출하고, 시전에 나가 평소에 가장 먹고 싶었던 탕후루를 사 먹으며 자유를 만끽한다. 우연히 관람한 성인 배우의 공연에 감명을 받은 후 일행은 다시 학교로 돌아가지만, 모질게 매를 맞은 한 아이는 결국 주머니에 남아 있던 몇 알의 탕후루를 꾸역꾸역 입에 넣고는 자살을 하게 된다. 그 애잔한 장면이 오래도록 기억에 남으면서 도대체 저 어린아이가 그토록 먹고 싶어 한 탕후루가 어떤 음식인지 매우 궁금했었다.

탕후루 즉 당호로(糖葫蘆)는 빙탕후루라고도 하고, 천진 지역에서는 당돈(糖墩), 안휘 지역에서는 당구(糖球)라고 부른다. 이는 대나무 꼬치에 산사 같은 과일을 끼워, 녹인 설탕물에 재운 후 다시 얼려서 만든 전통 간식거리이다. 과일 위에 묻힌 설탕물이 녹지 않고 고체 상태로 있어야 하기 때문에 겨울에만 즐길 수 있는 먹거리인 셈이다.

당호로의 기원에 대해서는 다음과 같은 이야기가 전해진다. 남송 광종 조돈(趙惇)이 매우 총애하는 황귀비(黃貴妃)가 어느 날 병에 걸리게 된다. 어의들에게 진찰을 시키고 각종 약을 썼지만 백방이 무효하였다. 그러던 중 방문을 보고 찾아온 한 의원이 진맥을 짚은 후 빙당(氷糖)과 홍과(紅果) 즉 산사를 함께 달여 매 식사 후 5알에서 10알을 먹도록 하였다. 이후 황귀비는 다시 건강을 회복하게 되었고, 이것이 민간

그림 39 상해의 한 대형 마트에서 판매하고 있는 탕후루. 산사뿐만 아니라 딸기, 포도, 멜론 등도 넣어 현대인의 입맛에 맞추었다.

에 널리 알려져 지금의 당호로가 되었다는 것이다. 이후 북경에서는 불노천(不老泉), 구용재(九龍齋), 신원재(信遠齋) 등의 노자호 점포가 생겨났고 민국시기에는 동안(東安)시장 인근의 융기(隆記)라는 가게가 특히 인기가 많았다.

그런데 어째서 이 당호로가 길상과 관계있는 음식이 된 것일까? 이는 그 외형과 관련이 있다. 꼬치에 동그란 산사를 줄줄이 꽂은 모양이 마치 호로 즉 호리병박과 유사하게 생겼다는 것에서 명칭이 유래된 것이다. 여기서 호리병박이 갖는 상징적 의미를 살펴보자. 첫째, 호로[húlu]는 포로(蒲蘆[púlu])라고도 하는데, 이때 발음이 복록(福祿[fúlù])과 동음이다. 또한 그 줄기를 만대(蔓帶[màndài])라고 하는데, 이는 만대(萬代[wàndài])와 동음이다. 그래서 호리병박과 그 줄기를 함께 형상화하면서 '복록만대(福祿萬代)'라는 길상을 표현하는 것이다. 본래 본초식물인 호리병박은 줄기가 왕성하게 자라고 열매가 풍성하고 씨앗이 많아서 자연스럽게 자손만대 혹은 다산을 상징하게 되었다.

둘째, 주(周)나라 때부터 시작된 풍속으로, 부부가 결혼을 하면 같은 방에 들어가 합근(合卺) 즉 교배주(交杯酒)를 마시는데, 여기서 근(卺)은 술을 마실 때 사용하는 표주박(瓢) 잔을 말한다. 보통 이 잔은 표주박을 반으로 나누어 만드는데, 완전히 둘로 분리하는 것이 아니라 줄기 부분을 연결된 형태로 둔다. 여기에 술을 담아 부부가 함께 마시고 하나가 됨을 의미하였기 때문에 합근이라고 말한 것이다. 술을 마시

그림 40　표주박을 이용해 복록과 길상을 기원하는 장식품을 만들어 판매하고 있다.

중국 길상문화

고 난 표주박 잔은 침대 밑에 두는데, 하나는 바로 두고 하나는 엎어 둔다. 이것은 "남자는 굽어보고 여자는 우러러본다(男俯女仰)"는 전통 관념과 음양조화의 원리를 강조하면서 부부화합을 길상으로 축원한 것이다.

셋째, 호리병박은 신선 도사와 밀접한 관련이 있다. 신화와 전설에 등장하는 철괴선생(鐵拐先生), 윤희(尹喜), 안기생(安期生), 비장방(費長房), 제공화상(濟公和尙), 수성남극옹(壽星南極翁) 등의 수많은 인물들이 항상 호리병박을 지니고 있어서 후대에 자연스럽게 호로는 득도한 신선의 상징적 표시가 되었다.

넷째, 호리병박은 몸통이 커서 내용물을 많이 담을 수 있지만, 주둥이가 좁아 잘 새거나 빠져나가지 않는다. 그래서 "재물을 지키고 부귀를 모은다(守財聚富)"는 의미를 갖기 때문에 재화나 재물을 상징한다. 중국 남방 지역에는 "집안에 표주박 한 개면, 가문이 비로소 부유해진다"[54]란 말이 있을 정도이다.

또 탕화(燙畵) 즉 낙화(烙畵)라는 것이 있는데, 바로 호리병박에 인두 같은 것을 이용해 태우는 형식으로 그린 그림이다. 이것 역시 복록을 가져다준다는 호리병박에 각종 길상물을 그려서 집안에 장식하며 상서로움을 추구하는 행위이다.

1986년 상해 만화영화 제작소(上海美術電影制片廠)에서 만든 〈호로형제(葫蘆兄弟)〉는 호리병박에서 태어난 일곱 형제들이 요괴를 물리친다는 내용으로, 중국에서 자체 제작한 만화영화이다. 1990년대 속편

〈호로소금강(葫蘆小金剛)〉이 만들어졌고, 2014년에는 이를 소재로 〈금강호로협(金剛葫蘆俠)〉이라는 실사영화가 제작될 정도로 엄청난 인기를 끌었다. 이 만화는 호리병박에 관한 신화적인 이야기를 모티브로 창작한 것으로, 지금까지도 만화채널에서 방영을 하며 중국 어린이들에게 꾸준히 사랑받고 있다.

또 만리장성과 연관된 전설로 유명한 맹강녀(孟姜女)고사의 주인공 맹강녀는 맹씨 집안에서 키운 조롱박에서 태어난 것으로 알려져 있다. 심지어 운남 지역의 납호족(拉祜族)은 선조인 찰적(扎迪)과 나적(娜迪)이라는 남녀가 조롱박에서 태어났다는 전설이 전해지고, 태족(傣族) 등 많은 소수민족들은 호리병박을 이용해 만든 호로사(葫蘆絲) 또는 호로소(葫蘆簫)를 가지고 음악을 연주하는데, 이 역시 호리병박과 관련된 신화전설을 기원으로 하고 있으며 평안과 안정을 추구하는 것이다.

이상의 내용을 통해 중국에서 호리병이 얼마나 보편적으로 사용되었고, 동시에 얼마나 보편적으로 길한 의미를 상징해 왔는지를 확인할 수 있다. 따라서 꼬치에 동그란 과일을 꽂고서 호로란 이름을 붙인 것은, 그저 외형이 닮았다는 이유에서 그치는 것이 아니라 많은 사람들이 그 음식을 즐기면서 복록을 받기를 기원하는 중국인들의 인간적인 마음이 투영된 것이다.

중국 길상문화

시집가는 딸에게 주는 길상의 술

중국 현대 소설의 창시자로 추대받는 노신(魯迅)의 대표작 중 하나인 「공을기(孔乙己)」는 만청시기, 과거에도 급제하지 못하고 변변한 직업도 가지지 못한 공을기라는 가난하고 무능한 지식인을 통해 귀족의 위선과 봉건의 허상을 신랄하게 풍자하고 있다. 이야기의 무대가 되는 곳은 누진(魯鎭)의 함형(咸亨)주점인데, 주인공인 공을기는 늘상 술 두 그릇, 회향두 한 접시를 시켜 먹는다. 주점 한쪽엔 뜨거운 물이 준비되어 있어 손님들이 수시로 술을 덥힐 수 있다. 이렇게 덥혀서 마신다는 술은 바로 전통주인 황주(黃酒)를 말한다. 이야기의 배경이 강남 지역인 것으로 보아 황주 가운데서도 소흥주(紹興酒)가 분명하다. 소흥주는 말 그대로 소흥 지방에서 만들어진 황주이다. 소흥주의 또 다른 별칭은 바로 여아홍(女兒紅)인데, 이에 관해서는 다음과 같은 설이 전해진다.

소흥 지역에는 일찍이 송대부터 집집마다 술을 빚는 풍습이 있었는데, 어떤 집이든 딸을 낳게 되면 제일 좋은 술을 골라 단지에 잘 밀봉한 후 자신의 집 마당에 묻는다고 한다. 이때 사람을 청해 단지의 겉면에 글자를 새겨 넣거나 그림을 그리기도 하는데 주로 인물, 화조, 산수 등으로 길조를 뜻하는 도안이다. 이후 딸아이가 출가하면 바로 그 술 단지를 꺼내어 시집에 함께 보내는데, 예물이다 보니 단지에 붉은 종이로 '희(囍)' 자를 써서 붙이기도 했다. 이러한 방식이 인기를 끌어 주변에 퍼졌고, 사람들은 이를 딸과 관련된 술이란 뜻으로 '여아주단(女兒酒壇)' 또는 '여아홍(女兒紅)', '여아주(女兒酒)'라고 불렀다. 명·청시기부터는 단지를 묻기 전에 미리 채색으로 그림을 그리기 시작했는데, 청대의 『낭적속담(浪跡續談)』과 같은 책에 이러한 술 단지를 '화조(花雕)'라고 명명했다는 기록이 나온다.

한편 일설에는 여식이 혼인도 치르지 못하고 요절하게 되면 말 그대로 꽃이 지는 일과 같아서 미처 꺼내지 못한 술을 '화조(花凋)'라고 불렀는데, 그 뜻이 너무 처연하다고 '凋'를 '雕'로 바꾸었다고도 한다. 그래서 민간에는 "여아홍은 꺼내 와도 화조는 영원히 마시지 못한다(來壇女兒紅, 永不飮花雕)"는 말도 전해진다. 이후 민간에서는 이러한 고사나 길상문양을 그리기 시작했고, 나중엔 부조방식으로 단지의 외형을 더욱 생동감 있고 다채롭게 만들었다. 문화대혁명 때 왕후장상을 소재로 했다 하여 사라질 위기를 맞기도 했지만 지금은 다시 복원되어 사실상 소흥 지역의 독특한 민속공예로 자리 잡게 되었다. 소흥화조(紹興花雕)는 술맛을 즐기기 위해 찾는 사람도 있지만, 단지에 새기고 그려진 전통 길상회화를 감상하고 수집하고자 찾는 사람도 많다.

음식으로 나타내는 인생사 네 가지 기쁨

중국인들의 삶에 있어 가장 기쁜 일은 무엇일까? 수천 년 동안 시대마다 사람마다 느끼는 기쁨이야 모두 다르겠지만, 하나의 전통처럼 그들이 보편적으로 말하는 기쁨이 있다. 먼저 아래의 시를 살펴보자.

오랜 가뭄 중에 단비가 내리는 때(久旱逢甘雨),
타향살이 중 고향친구를 만났을 때(他鄕遇故知),
첫날밤 신방에서 화촉을 밝힐 때(洞房花燭夜),
과거에 급제하여 이름이 올랐을 때(金榜題名時).

위 작품은 「네 가지 기쁨(四喜)」이라는 절구시로, 작자에 대한 설이 분분하다. 남송 홍매(洪邁)의 『용재수필(容齋隨筆)』 8권의 「득의실의시(得意失意詩)」에는 당나라 시인 두보가 쓴 것으로 기록되어 있고, 또 다른 설로는 북송 말 근현(瑾縣) 사람 왕수(汪洙)가 지은 것으로 알려져 있다.

누가 지었든 간에 여기서 중요한 것은 고대 중국인의 기쁜 일에 대한 관념과 이 '사희(四喜)'라는 말의 쓰임이다. 위에서처럼 시의 소재로 사용되었을 뿐만 아니라 여러 방면에 사희라는 말을 적용하였다. 가령 길상의 동물로 잘 알려진 까치는 중국어에서 보통 희작(喜鵲)이라고 부르는데, 이 외에 사희조(四喜鳥)라는 별칭이 있다. 또한 민간에서 유행하는 민속공예 중 사희왜왜(四喜娃娃)는 즉 네 명의 동자가 서로 얽혀서 하나의 독특한 문양을 이루는데, 연화 속 소재로도 자주 사용된다. 이를 사희인(四喜人) 또는 사희해(四喜孩)라고 하며 모두 다산과 풍요, 행복 등을 기원하는 길상의 상징이다.

사희인에 대해 다음과 같은 민간고사가 전해진다. 명초 강서 지역 선비인 해진(解縉)은 다섯 살부터 사서오경을 줄줄 읽을 정도로 총명하여 도성까지 그 명성이 알려졌고, 황제의 윤허로 지방학교인 현학(縣學)에서 공부할 수 있게 되었다. 하지만 교육관인 교유(教諭)는 그를 못마땅하게 여기고 곤경에 빠트리고자 "바람과 비가 순조로우면 좋은 벼가 나온다(風調雨順出嘉禾)"라는 주제로 길상화를 그리도록 요구하였다. 이런저런 그림에도 계속 퇴짜를 맞자 결국 독특한 그림을 하나 완성하였는데, 머리 둘에 여덟 개의 팔다리가 연결되어 있는 동자의 모습이었다. 이를 본 교유는 우리 현에 크게 풍작이 들었는데 어찌 불길하게 이런 괴물의 모습을 그린 것이냐며 노발대발하였다. 그러자 해진은 오랜 가뭄에 단비가 내리는 것은 사희 중 하나이며 자신은 사희를 모두 표현한 것이므로 길조를 말한 것이라 대답했다는 것이다.

한 가지도 아닌 네 가지나 되는 기쁜 일을 표현하는 사희는 당연히 음식의 명칭에도 적용된다. 가령 북방 지역에서 결혼식에 반드시 내놓는 음식으로 사희환자(四喜丸子)가 있다. 우리의 고기완자를 생각하면 이해하기가 쉬운데, 보통은 어른 주먹만 한 크기로 사자두(獅子頭)라고 부른다. 결혼식 등 각종 연회가 열리면 이 고기완자를 네 가지 색,

그림 41　현대에는 기호에 따른 각종 음식을 네 가지로 구성하여 사희채라 이름 붙인다.

네 가지 향 그리고 네 개의 덩어리로 만들어 손님을 대접한다. 사희환
자는 노채(魯菜) 즉 산동 요리로부터 비롯된 것으로 복록수희(福祿壽喜)
를 상징한다.

　사희환자에도 다음과 같은 고사가 전해진다. 당대 문인 장구령(張
九齡)은 실력이 출중하여 과거에 합격했을 뿐만 아니라 황제의 환심을
사서 부마(駙馬)로 발탁된다. 장구령이 크게 성공을 거두었지만 이 시
기 그의 고향에는 큰 홍수가 나는 바람에 정작 부모는 이 소식을 모르
고 있었다. 혼인날이 다 되어서야 그 사실을 알게 된 장구령은 급히
사람을 보내 부모님을 모셔 오게 하였고, 도성에 거처를 마련해 드렸
다. 그는 너무나 기쁜 마음에 요리사에게 이를 축하할 만한 요리를 만

들도록 주문하였다. 그러자 요리사는 사원환자(四圓丸子)라는 음식을 만들어 올렸고, 그 함의를 묻자 첫째로 나리가 장원급제하였고, 둘째로 결혼을 하게 되었으며, 셋째로 황제의 사위가 되었고, 넷째로 부모님을 모시게 되는 네 가지 원만함을 표현한 것이라 대답했다. 장구령은 매우 만족해하면서 자신에게 기쁜 일이므로 사원(四圓)보다 사희(四喜)가 더욱 좋겠다며 요리명을 바꾸었다. 이로부터 민간에서는 혼인 등 경사가 있으면 이 음식을 만들어 먹기 시작했다는 것이다.

사희고부(四喜烤麩)는 연야반(年夜飯)이라 칭하는 상해 사람들의 연말 모임에는 절대로 빠지지 않는 음식 중 하나이다. 고부는 밀에서 가루를 빼고 남은 찌꺼기인 밀기울을 쪄서 만든 재료로 보온, 발효, 고온으로 찌는 과정을 통해 만든다. 이 고부와 죽순, 국화, 목이버섯, 땅콩의 네 가지 재료를 기름으로 볶고 한국의 국간장과 비슷한 생추(生抽)를 가지고 간을 하여 만든다. 상해에서는 이 고부가 고부(靠夫[kàofū]) 즉 남자에 의지한다는 말과 동음이의어로, 집안의 남자가 성공을 거두기를 기원하는 의미를 지닌다고 한다. 일설에는 본래 음식명은 사선고부(四鮮烤麩)였는데 상해 발음으로 선(鮮)이 희(喜)와 같고 마침 길상의 의미를 지니고 있으므로 자연스럽게 사희(四喜)로 굳어졌다고 한다.

명사희(明四喜)는 서안(西安)의 전통 요리로 해삼, 전복, 생선 뱃살, 오징어의 네 가지 해산물과 각종 채소를 닭고기 육수에 넣고 졸여 만든 음식이다. 서안은 내륙에 위치해 바다가 멀기 때문에 해산물이 귀한 곳이므로, 역시 큰 행사가 있거나 손님을 대접할 때 먹는 음식이다.

중국 길상문화

이 외에도 사희교자(四喜餃子), 사희탕원(四喜湯圓) 등은 모두 사희(四喜)라는 길조어를 이용하여 현대식으로 새롭게 만든 음식들이다.

길상음식의 총출동, 연야반

위에서 사희고부가 상해인들의 연야반에 반드시 등장하는 음식이라고 말했다. 그러면 연야반은 도대체 무엇을 말하는 것인가? 쉽게 설명하자면 매년 섣달그믐에 설을 쇠기 위해 각지에서 고향으로 모여든 가족들이 풍성한 음식을 차려 함께하는 저녁식사를 말한다. 그래서 다른 말로 위로(圍爐), 단연반(團年飯), 단원반(團圓飯), 합가환(合家歡)이라고도 한다.

그런데 흥미로운 점은 이 연야반이 언제부터인가 음력설을 보내는 중국인들의 풍습 또는 문화를 나타내는 주요 기삿거리로 등장하기 시작했다는 것이다. 때로는 그들의 엄청난 귀성행렬과 함께 장거리임에도 반드시 고향집에 찾아와 따뜻한 정을 나누는 모습을 다루기도 하고, 경제발전과 더불어 연야반의 장소가 집에서 호텔식당으로 바뀐 신풍속을 다루기도 한다. 또 한 끼에 한화 40만 원 정도의 비싼 만찬을 즐긴다든가 춘절 한 주 동안 먹고 쇼핑하는 데 158조를 썼다는 소비행태를 지적하기도 한다.

아무튼 중국인들에게 있어 음력설은 1년 중 가장 중요한 날이고, 이때 가족들과 연야반을 즐기는 것이 가장 중요한 행사이므로 모든 음식에 길상의 의미가 들어간다. 아무래도 기본적으로 등장하는 음식에는 교자, 훈툰 등이 있는데, 이 음식들이 풍부한 길상의 의미를 지니고 있음을 이미 충분히 설명했다. 그 외에도 국수 면발이 끊이지 않고 하나로 이어져 있다는 장면(長面) 즉 장수면(長壽面), 둥글고 원만함(團團圓圓)을 상징하는 탕원(湯圓) 등도 빠지지 않는 음식이다. 또 봄이 빨리 오라는(春來早[chūnláizǎo]) 뜻으로 대추(棗[zǎo])를 먹고, 모든 일이 뜻한 바대로 이루어지라는(事事如意[shìshìrúyì]) 뜻으로 곶감(柿[shì])을 먹으며, 행복이 오라는(幸福來[xìngfúlái]) 뜻으로 살구(杏仁[xìngrén])를 먹는다. 불로장생[bùlǎochángshēng]하라는 뜻에서 땅콩(花生[huāshēng])을 먹고, 날이 갈수록 승진하라는(年年高升[niánniángāoshēng]) 뜻으로 떡(年糕[niángāo])을 먹으며, 길(吉[jí])하다는 의미로 닭고기(鷄[jī])를 먹는다. 어떤 지방에서는 갈치를 자르거나 가공하지 않고 둥근 모양으로 만들어 그릇에 넣어 찌는데, 이를 '권복(圈福)'이라고 부른다.

또한 바쁜 직장인들이나 경제적으로 여유가 있는 가정에서는 호텔이나 외부 음식점에 미리 연야반을 예약하기도 하는데, 이때 제공되는 음식들이 그야말로 압권이다. 예를 들면 돼지고기, 새우, 오징어, 해삼, 햄의 다섯 가지 주재료로 만든 볶음 요리는 오복이 집안에 들어온다는 뜻으로 오복임문(五福臨門)이라 하고, 버섯, 동죽, 파, 마늘, 생강을 가미한 잉어찜 요리는 해마다 여유가 생기라는 의미로 연연유여(年年有餘)라고 한다. 두반장(豆瓣醬), 첨면장(甛面醬) 등으로 맛을 낸 연어(鰱魚)머리 요리는 커다란 행운이 다가온다는 뜻으로 홍운당두(鴻運當頭)라 이름하였고, 소고기와 피망을 굴소스로 볶은 요리는 행운이 도래하라는 뜻으로 호운당두(蠔運當頭)라 명명하였다. 돼지갈비에 계피와 팔각 등 향신료를 넣어 매콤하게 만든 찜 요리는 접시에 마치 장미꽃이 피는 것처럼 플레이팅을 해 놓고 홍화대년(紅火大年) 즉 새해엔 더욱 번창하라는 뜻을 부여했다.

이 외에도 연야반에 오르는 음식들은 너무도 다양하여 매년 유명 호텔에서 경쟁하듯 새로운 길상음식들을 개발해 내놓고, 인터넷에는 그해에 유명했던 연야반에 관한 정보와 목록이 올라오고 있으니, 중국인들만의 신풍속도라 말할 수 있겠다.

길상의 수 8이 들어간 음식

중국인들이 가장 좋아하고 길한 의미로 여기는 숫자가 바로 8이라는 점은 이미 잘 알려진 이야기이다. 그렇다면 이 팔(八)이 들어간 음식에는 어떠한 것이 있는지 궁금해진다. 아마도 가장 대중적인 음식으로는 팔보죽(八寶粥)을 꼽을 수 있을 것이다. 팔보죽은 중국의 전통 음식으로, 납팔죽(臘八粥) 또는 불죽(佛粥)이라고도 부른다. 불가의 납팔절 행사 때 여러 가지 곡물을 가지고 죽을 쑤어 공양하던 일에서 비롯된 이름이다. 남송의 문인 주밀(周密)이 쓴 『무림구사(武林舊事)』에는 "호두, 잣, 버섯, 감, 밤 등으로 죽을 만드는데, 이를 납팔죽이라 부른다"[55]라는 기록이 보인다. 그렇다면 이 납팔죽을 먹는다는 납팔절은 언제 어떻게 생겨난 것인가?

납팔은 예부터 조상이나 신령에게 제사를 지내며 기복을 하던 것에서 비롯된다. 납(臘)이 가진 의미를 구체적으로 살펴보면 다음의 세 가지가 있다. 첫째, 응소의 『풍속통의』에 의하면 "납은 맞이한다는 뜻으로, 새것과 오래된 것이 교대하는 것이다. 그러므로 크게 제사를 지내 공로에 보답하는 것이다"[56]라고 하는데 바로 시기적으로 새해를 맞이함을 의미한다. 둘째, "납은 사냥이란 뜻으로, 수렵으로 동물을 잡아 조상에게 제사를 지내는 것이다."[57] 납(臘) 자의 육(肉) 부수는 바로 고기를 사용해 지내는 제사를 의미한다. 셋째, 『수서(隋書)』「예의지(禮儀志)」에 의하면 "납은 역귀를 쫓고 봄을 맞이하는 것"[58]을 말한다. 어쨌든 모두 연말연시라는 시점과 제사라는 행위에 귀결된다.

사실 중국에서는 고대부터 겨울에 조상이나 신령에게 제를 지내는 의식이 있었다. 『예기(禮記)』「교특생(郊特牲)」에 "이기씨 즉 신농이 처음 사제(蜡祭)를 하였다. 사는 모은다는 뜻이다. 음력 12월, 만물을 한데 합하여 모아서 제사를 지내는 것"[59]이라고 한다. 『사기』「보삼황본기(補三皇本紀)」에도 "염제 신농씨가 처음으로 농사를 시작했기 때문에 사제를 지냈고, 이로써 천지에 보답했다"[60]라는 내용이 보인다. 이후

중국 길상문화

하(夏)나라 때는 이 제사행위를 '가평(嘉平)'이라 했고, 상(商)나라 때는 '청사(清祀)', 주나라 때는 '대사(大蜡)'라고 말했다. 그리고 대략 한대부터 '납(臘)'이란 명칭을 사용하기 시작했는데, 보통 12월에 거행하는 제사였으므로 이 달을 납월(臘月), 납제를 지내는 당일은 납일(臘日)이라고 말하기 시작한 것이다.

선진시기의 납일은 대략 동지 이후 세 번째 술일(戌日)이었다. 이후 인도로부터 불교가 유입되고 불가의 성도일(成道日)과 융합되어 법보절(法寶節)이라고 칭하기도 하였다. 그러면서 남북조 이후로는 납월 납일이 음력 12월 초파일로 고정되기 시작된다.『설문해자』에도 "동지 후 세 번째 술일에 모든 신에게 납제를 지낸다"[6]라는 말이 있다.

한편 도교에서도 납일을 매우 중요한 날로 정하고 있는데,『운급칠전(雲笈七籤)』에 의하면 정월 초하루는 천랍(天臘), 5월 5일은 지랍(地臘), 7월 7일은 도덕랍(道德臘), 10월 초하루는 민세랍(民歲臘), 12월 초파일은 왕후랍(王侯臘)으로, 이 다섯 날을 오랍일(五臘日)이라 한다. 이때 오제(五帝)가 현도(玄都)에 모여 인간 세상의 만사를 교정한다고 전해지고 있다. 이렇게 납팔절은 고대부터 연말에 행하는 제사의식으로 내려오면서 불가의 성도일과 합쳐지고 또 도교의 오랍일과 연계되면서 민간에서는 매우 중요한 의식이자 행사로 발전하였다.

이 납팔절에 어째서 죽을 쑤어 먹었는가에 대해서는 아마도 불교의 직접적인 영향이 큰 것 같다. 불가의 설에 따르면 석가모니가 보리수 아래서 깨달음을 얻은 날을 성도제일이라고 부르는데, 이후 제자들이 이를 기념하는 행사를 열었다고 한다. 행사가 널리 알려지고 모여든 대중들이 점차 많아지자 그들을 공양하기 위해 대량으로 만든 음식이 바로 죽이고, 이것이 불교의 전파와 함께 중국에도 유행하게 되었다는 것이다. 아마도 계절적으로 겨울에 해당하는 납일은 이미 식재료를 구하기 어려운 시기이기 때문에 비축한 각종 곡물을 내어 함께 죽으로 만들면 공급량도 충분하고 영양 측면에서도 손색이 없었을 것이다.

납팔에서 비롯되었기 때문에 납팔죽이라 부르지만, 사실 중국에서는 팔보죽이란 명칭이 좀 더 널리 쓰이는 듯하다. 팔보죽은 중국에서 이미 대중적인 음식이 되어 아침식사나 간식 대용으로 인기가 많고, 죽이라는 특성상 음력설이나 생일에 노인에게 드리는 선물로도

그림 42 납팔절에 납팔죽을 먹으면서 송구영신하라는 의미의 포스터 문구

중국 길상문화

각광받고 있다. 유명한 브랜드도 꽤 많아서 와하하(娃哈哈)와 같은 유명 대기업은 말할 것도 없고 은로(銀鷺), 동복(同福), 달리원(達利園) 등의 많은 상품이 시장에서 치열하게 경쟁을 벌이고 있다.

팔보죽을 언급했으니 팔보라는 명칭이 갖고 있는 길상의 의미도 따지지 않을 수 없다. 보통 팔보를 여덟 가지 곡물을 넣었다 하여 생긴 이름 정도로 생각할 것이다. 하지만 팔보의 팔(八)은 음력 12월 초파일 납팔절에서 비롯된 것임을 위에서 확인한 바 있다. 여기에 한 가지를 더하자면 바로 불가에서 중시하는 여덟 가지 보물을 의미한다. 팔보는 팔서상(八瑞相), 팔길상이라고도 하는데 바로 보병(寶瓶), 보개(寶蓋), 쌍어(雙魚), 연화(蓮花), 우선라(右旋螺), 길상결(吉祥結), 존승당(尊勝幢), 법륜(法輪)의 여덟 가지 물건의 총칭이다.

일설에 팔보는 석가모니가 탄생했을 때 천상에서 하사한 여러 가지 축하선물이라고 하고, 또 일설에는 석가모니가 성불했을 때 몸에 발현한 여덟 개 부위의 지칭이라고도 한다. 이 팔보는 불교 사원은 말할 것도 없고 각종 법물(法物), 법기(法器), 불탑과 복장, 탱화 등에 도안으로 상징화되어 사용되고 있고, 이것이 중국의 문화에 그대로 안착되어 각종 건축물, 민간의 생활 도구, 예술 소재 등으로 활용되고 있다. 그러면 이제부터 팔보가 가진 각각의 의미에 대해 살펴보도록 하자.

먼저 '보병(寶瓶)'은 부처의 목을 대표한다. 불법은 부처의 입으로부터 나오는 것이므로, 목을 상징하는 보병을 교법(敎法) 또는 교리(敎理)로 여긴다. 보통 사원에서는 불단 위에 정수 즉 감로수를 담은 병에다

공작의 깃털 혹은 여의수(如意樹)를 꽂아 두는데 이는 길상, 청정, 재운 그리고 영생불사를 상징한다.

'보개(寶蓋)'는 화개(華蓋) 또는 보산(寶傘)이라고도 하는데, 부처의 정수리를 대표한다. 머리 위에 위치하므로 바람과 햇빛을 막는 도구인데 고대 인도에서는 황족이나 귀족들만 사용할 수 있던 것으로, 존귀함과 위세를 상징했다. 불가에서 이것이 마장(魔障)을 물리치고 불법을 수호하는 도구로 사용되면서 가르침의 권위를 상징하게 되었다.

'쌍어(雙魚)'는 부처의 두 눈을 대표한다. 부처가 중생을 자애롭게 바라보는 모습을 말하는 것으로, 지혜의 표징(表徵)이 되었다. 물고기가 물을 만났으니 막힘이 없이 두루 통달함을 나타낸다. 불가에서는 이를 현실을 초월하고 생사를 해탈한 수행자에 비유하고 또 소생, 영생, 재생 등을 상징하기도 한다.

'연화(蓮花)'는 부처의 혀를 대표한다. 연화는 비록 더러운 진흙 연못에서 자라지만 오염되지 않은 아름다운 꽃을 피우므로 지고지순함을 발현한다. 그래서 불가에서는 연화를 궁극의 목표 즉 수행하여 정과를 이룩함(修成正果)을 상징하고 있다.

'우선라(右旋螺)'는 법라(法螺)라고도 하며 부처의 목에 있는 목주름 혹은 부처의 목소리를 대표한다. 부처가 설법을 할 때 그 소리가 천지 사방으로 진동하는데, 이것이 마치 나각을 불 때 사방으로 퍼지는 소리와 같다고 여긴 것이다. 그래서 불가에서는 삼천세계로 발양하는 부처의 법음(法音)을 우선라로 상징하고 있다.

'길상결(吉祥結)'은 부처의 심장을 대표하는 것으로 무진결(無盡結) 또는 반장결(盤長結)이라고도 한다. 이는 시작도 끝도 없는 것을 말하는데, 불심이 무궁함을 상징한다. 이 결은 불가의 표식인 만(卍) 자를 교차해서 만든 것이라고도 한다. 또 일설에는 그물 모양을 하고 있어 불법이 이 세상의 진귀한 지혜와 깨달음을 모아들이는 것이라 설명한다.

'존승당(尊勝幢)'은 보당(寶幢)이라고도 하는데 부처의 몸을 대표한다. 이는 부처가 번뇌를 이기고 해탈을 얻음을 말하는 것이다. 본래 승리당(勝利幢)이라는 것은 옛날에 전쟁터에서 사용했던 군기로, 장군이 지니면서 전군을 통솔함을 의미한다. 불가에서는 부처가 이 지혜의 기로 모든 번뇌의 마군을 제압하고 해탈의 경지에 이르게 만듦을 상징하고 있다.

마지막으로 '법륜(法輪)'은 부처의 손바닥을 대표한다. 고대 인도에서 윤(輪)은 강한 살상력을 지닌 무기라고도 하고 또 우주에서 가장 빠른 속도를 가진 이동 수단이라고도 한다. 불가에서는 이를 차용하여 불법이 윤처럼 끊임없이 회전하면서 영원히 멈추지 않고 중생을 구제함을 말한다.

한편 이렇게 전파된 팔보를 민간에서는 불교식이 아닌 중국 현지의 물건으로 대체해서 확대 적용하기도 한다. 일명 속팔보(俗八寶)라고도 하는 이 물건은 소위 민간에서 가장 귀하게 생각하는 보물들로 석경(石磬), 은정(銀錠), 보주(寶珠), 산호(珊瑚), 고전(古錢), 여의(如意), 서각(犀角) 그리고 해라(海螺)가 그것이다.

또한 도교에서도 불가의 팔보를 그대로 응용하여 자신들만의 팔보 길상물을 정하였다. 도팔보(道八寶)라고도 하는데, 소위 도력을 쌓아 신선이 된 팔선(八仙)이 각각 지니고 있는 법기(法器)를 말한다. 먼저 부채(扇子)는 종리권(鍾離權)의 법기로, 기사회생의 능력을 지녔다. 어고(魚鼓)는 장과로(張果老)의 법기로, 길흉을 점치는 능력을 지녔다. 연화(蓮花)는 하선고(何仙姑)의 법기로, 몸을 닦고 양생하는 기능이 있다. 호로(葫蘆)는 이철괴(李鐵拐)의 법기로, 중생을 구제할 수 있다. 보검(寶劍)은 여동빈(呂洞賓)의 법기로, 마귀를 진압할 수 있다. 화람(花籃)은 남채화(籃采和)의 법기로, 신명에 통달할 수 있다. 횡적(橫笛)은 한상자(韓湘子)의 법기로, 만물을 회생할 수 있는 도구이다. 마지막 음양판(陰陽板)은 조국구(曹國舅)의 법기로, 환경을 정화하는 도구이다.

이렇게 팔보는 처음엔 불가의 여덟 가지 상징물로서 시작되었지만, 불교의 전파와 함께 중국 민간에서도 널리 사용되는 길상물이 되었다. 또한 자연스럽게 납팔절과 성도제일이 융합되면서 공양식으로 만든 죽의 명칭으로도 사용하게 된 것이다. 뿐만 아니라 팔보는 그 자체로 길조의 의미를 담고 있어서 고대에 천자가 지닌 8종의 옥새를 팔보라고도 칭하였고, 또 각종 행사 때 먹는 음식들에 이 팔보라는 명칭을 갖다 붙이기도 하였다. 가령 장미, 구기자, 대추, 호두, 용안, 깨, 건포도, 말린 사과 등을 넣어 만든 팔보차(八寶茶), 영파(寧波) 지역에서 납팔절에 찹쌀, 콩, 대추, 말린 과일, 연밥 등을 넣어 만든 팔보반(八寶飯), 절강과 안휘 일대에서 유행하는 것으로 죽순, 원추리꽃, 목이버섯, 두

부피, 차줄기 등을 기름에 한데 볶은 요리인 팔보채(八寶菜) 등이 모두 그런 음식들이다. 유래가 복잡하고 지역에 따라 만들어 먹는 재료와 방식이 다르지만, 모두 길상의 염원을 담은 음식이라는 점은 같다고 할 수 있다.

민남 사람들이 즐기는 붉은 거북이 떡

길상에 관하여 이미 여러 가지를 이야기를 했지만 역시 붉은색을 빼놓을 수 없겠다. 이미 일반적으로 알고 있듯이 중국인들은 붉은색을 매우 길한 징조로 여기고 있다. 그래서 결혼식 때 신랑과 신부가 붉은 예복을 착용하고, 식장을 온통 붉은색 쌍 희(囍) 자로 꾸미거나 음력설에 홍포(紅包)라는 붉은색 봉투에 우리의 세뱃돈에 해당하는 압세전(壓歲錢)을 담아 주기도 한다. 이 외에도 음력설에 대문이나 벽에 빨간 종이 위에 쓴 복(福) 자를 붙이고, 영업집이나 가정에서는 매듭 장식품인 붉은색 중국결을 흔히 볼 수 있다.

사실 붉은색이 들어가는 음식이야 어디서든 자주 볼 수 있지만, 온통 붉은색으로 만들어진 음식은 흔치 않다. 여기 그야말로 독특한 중국 남방 지역색을 띠고 있는 홍구과(紅龜粿)를 소개해 보고자 한다. 복건, 사천, 대만 등지에서는 매년 정월 초아흐레 옥황상제의 탄신일이라는 '천공생(天公生)'이 되면 성대한 행사를 치른다. 이때 집집마다 여러 가지 제수를 준비하는데, 그 가운데 빠지지 않는 것이 바로 구과(龜粿)이다. 외형이 거북이와 닮았다고 하여 구과인데, 특히 빨간색 외관을 띤 것은 홍구과, 초록색은 서각구(鼠殻龜)라고 부른다. 두 가지 음식 모두 천공에게 올리는 중요한 제수로, 민남 지역에서는 이 두 음식을 올리는 것을 배구(拜龜)라고 말한다.

홍구과를 만드는 방법은 대략 다음과 같다. 찹쌀 7할과 멥쌀 3할 정도를 섞어 물에 불린 후 가루를 내고 여기에 빨간 염료를 가미해 반죽을 만든다. 이를 만두 빚듯이 하여 안에 참깨, 팥, 땅콩 등을 넣는다. 그리고 납작한 원형으로 만든 후 거북이 등 문양이 새겨진 나무틀에 넣고 찍기 때문에 붉은 거북이 떡이란 명칭이 생긴 것이다. 이 나무틀을 현지에서는 구인(龜印) 또는 구고인(龜糕印)이라고 부른다. 거북이 형상 중앙에는 반드시 수(壽) 자를 새기고 주변에 운문(雲紋), 동전 등 여러 가지 길상문양을 함께 새기곤 한다.

2013년 인터넷매체 시나(新浪網)에서는 하문(廈門)의 무형문화재를 탐방하는 기획영상 〈반해원, 최후의 거북이 떡 나무틀 조각가(潘海員, 最後的龜糕印雕刻師)〉를 제작하였다. 취재 내용에서 5대째 가업을 물려받은 장인 반해원은 나무틀에 거북이 형상을 조각할 때 거북이의 앞발은 다섯 갈래로, 뒷발은 네 갈래로 만들어야 한다고 강조한다. 이는 바로 "인간은 발로 땅을 잘 밟아야(脚踏實地) 오호사해(五湖四海)를 두루 다닐 수 있다", 즉 실제에 근거하여 건실하게 일해야 넓은 세상에 두루 통한다는 기본적 도리를 나타낸다고 말한다.

홍구과는 여러 가지 길상의 의미를 담고 있다. 우선 동그란 외형은 단원(團圓) 즉 단란함과 화합을 상징한다. 또 빨간 색소를 첨가하는 것은 "붉은색을 보면 크게 길하다(見紅大吉)"라는 속담처럼 상서로움을 뜻한다. 그리고 거북이는 장수와 평안함을 상징하는 것이다. 거북이는 대표적인 신수(神獸)로, 강이 많고 바다에 인접한 민남 지역에서 많이 서식한다. 따라서 민남 현지에서는 거북이를 키우거나 보호하고 숭앙하는 풍속이 매우 성행한다. 때문에 예부터 거북이 혹은 거북이 형상을 한 음식을 만들어 제사에 올리곤 했는데 면구(面龜), 홍편구(紅片龜), 미구(米龜), 홍모구(紅毛龜) 등이 모두 그러한 것들이다. 면구, 홍편구, 홍모구 등은 모두 홍구과와 같은 떡의 일종으로, 거북이 모양을 하고 있다.

미구는 마치 한국의 절에서 부처님께 공양미를 올리듯이 쌀자루를 쌓아 거북이 모양으로 만든 것이다. 아마도 처음에는 홍구과, 면구 같은 떡으로 제수를 올리다가 근대 이후 경제적 성장과 함께 제수의 규모가 커져 미구의 형태로 발전한 것이 아닌가 생각된다. 매년 설이나 원소절 혹은 천공생 같은 큰 행사 때가 되면 민남 혹은 대만의 매체에서는 그해에 만들어진 미구가 얼마나 큰지, 쌀이 몇 자루나 사용되었는지 등을 보도하기도 한다.

민남에서는 이렇게 미구를 쌓아 제사에 올리는 행위를 걸구(乞龜)라고 표현한다. 자신과 집안의 행운과 건강을 기원하기 위해 각 가정에서 바친 쌀 포대를 쌓아 거대한 거북이 형상을 만든다. 그리고 미구의 눈을 그리는 점안식(點眼式)으로부터 행사가 개시된다. 제사에 참여하는 사람들은 눈을 뜬 거북이를 쓰다듬으며 자신이 원하는 바를 기원한다. 제사가 끝난 후엔 제수로 올린 홍구과 등을 집에 가져가 먹는데, 이를 '합평안(呷平安)'이라 한다. 합(呷)은 먹는다는 뜻으로, 직역하자면 "평안함을 먹는다"란 뜻이다. 또 행사 후엔 쌀 일부를 평안미(平安米)라고 하여 주변의 고아나 빈곤자에게 나누기도 한다.

걸구의 역사는 이미 오래되어 건륭(乾隆) 36년(1771) 『팽호기략(澎湖紀略)』에 민남 지역의 원소절 행사에 대해 기록하고 있고, 광서 19년(1893) 『팽호청지(澎湖廳志)』에는 구체적으로 면구(面龜)라는 글자가 등장한다.

대만의 고웅(高雄)에서는 다음과 같은 이야기가 전해진다. 옛날에 고제제(高弟弟)란 사람이 있었는데, 그의 아내가 출산을 할 때 산파도 손을 못 쓸 정도로 어려움을 겪었다. 곁을 지키던 고제제는 잠시 졸다가 꿈을 꾸었는데, 한 노인이 나타나 부엌 아궁이 사이에 올라온 풀을 뽑아다 먹이라고 비법을 알려 주었다. 꿈에서 깨어난 고제제가 노인이 시킨 대로 해 보니 과연 효과가 있었다. 이후로 그는 신령에게 고마움을 표하기 위해 면구를 만들어 사당에 올렸다는 것이다.

한편 민남의 이웃 지역인 광동의 조산(潮汕)에는 홍구과와 비슷한 홍각도(紅売桃)라는 음식이 있다. 역시 분홍색 염료를 가미해 복숭아 모양의 틀에 넣고 만드는데, 여기서 복숭아가 장수와 건강을 상징한다는 것은 충분히 짐작이 가능하다.

중국 길상문화

에필로그

얼마 전 유튜브에서 중국 관련 영상을 보았다. 중국을 여행하면서 현지의 각종 문화를 설명하는 프로그램이었다. 복건성 천주(泉州)의 옛 거리를 탐방하는데, 한 가옥의 문 앞에 마름모꼴로 된 장식이 붙어 있었다. 진행자는 이를 보고 마치 우리나라 군대의 중위 계급장같이 생겼다며 왜 이런 것을 붙여 놓았는지는 모르겠다고 하였다. 아는 만큼 보인다고 했을까? 명색이 중국전문가가 진행하는 여행 프로그램임에도 그 이유를 알지 못하고 엉뚱한 말만 늘어놓았다는 것은 중국의 오래된 전통과 문화를 제대로 알지 못한 데서 기인한다. 마름모꼴 두 개가 겹쳐 있는 장식은 바로 이 책 3장에서 다룬 방승(方勝)을 말한다. 신화에 나오는 서왕모가 머리에 장식을 한 후 민간에서 이를 따라 길상의 의미로 사용한 것이다.

중국이란 나라는 한두 마디로 단정하기가 참으로 어렵다. 우리나라와는 매우 밀접한 역사관계를 지녔기에 받은 것으로만 따지면 참으로 고마운 나라이다. 하지만 반대로 병자호란, 한국전쟁 등 크고 작은 불이익을 준 것을 생각하면 기분이 상한다. 중국인은 오랜 역사와 전통을 가진 자신의 나라에 대해 자부심이 강하다. 그래서 주변국 특히 우리나라와 같이 상대적으로 약소한 나라를 깔보거나 무시하기도 한다. 그런데 G2라는 저런 덩치 크고 힘센 국가를 오히려 무시하는 것은 우리나라이다. 참으로 복잡하게 얽히고설켜 단정하기 어려운 두 나라의 감정이다. 하지만 단언컨대 향후에도 한중 두 나라가 완전히 떨어지거나 멀어질 가능성은 거의 없다. 정치·외교·군사는 말할 것도 없고 경제·무역 등은 해묵은 갈등에도 아랑곳하지 않고 점점 더 확대되고 밀접해지고 있다. 그런 상대를 언제까지나 감정적으로만 대할 수는 없는 노릇이다. 어차피 상대하고 교류하려면 그들을 잘 알아야 한다. 그러려면 다양한 분야에서 연구와 고찰이 필요하다. 그들의 문화를 배우고 이해하는 것도 그러한 맥락이다.

이 책은 거창한 주제를 가지고 시작했거나 심도 있는 이론을 논하고자 개시된 것이 아니다. 하지만 중국 고전문학을 연구하기 위해 접하는 이런저런 작품에 중국인들의 각종 길상물(吉祥物), 길상화(吉祥話), 길상부호(吉祥符號) 등이 끊임없이 등장한다는 사실을 알고 언젠가는 이 내용을 다루어야겠다고 마음먹어 왔었다.

처음 이 책을 준비할 때만 하더라도 다섯 가지 주제면 중국의 길상문화를 충분히 설명할 수 있을 것으로 생각하였다. 하지만 자료를 보

중국 길상문화

면 볼수록, 행문을 하면 할수록 더 찾아보고 싶고 더 보충하고 싶은 마음이 들었다. 하지만 결국 이렇게 스스로의 일천함만 느낀 채 원고를 마감하게 되었다. 아쉬운 마음은 이루 말할 수 없지만, 그래도 다음에 더욱 노력할 여지를 남겨 두었다는 생각으로 위안을 삼고자 한다.

국립아시아문화전당 아시아문화연구소에서 주관하는 아시아 문화 연구 및 학술 지원 사업에 과감히 도전하여 이제 그 결실을 이루게 되었다. 아낌없는 후원으로 연구결과를 책으로 출판할 수 있도록 도와주신 아시아문화연구소 소장님에게 감사드리고, 촉박한 시간에도 꼼꼼한 교정과 편집을 해 주신 담당 직원에게도 감사드린다.

주석

1 瞻彼闋者, 虛室生白, 吉祥止止.

2 吉者, 福善之事; 祥者, 嘉慶之徵.

3 澤流千世, 稱之而勿絶, 與天下終. 豈道德之符, 而聖人所謂吉祥善事者與?

4 『中國美術全集·繪畫編 21』「中國年畫史叙要」.

5 近歲節, 市井皆印賣門神, 鐘馗, 桃板, 桃符, 及財門, 鈍驢, 回頭鹿馬, 天行帖子.

6 朱雀門外及州橋之西, 謂之果子行, 紙畫兒亦在彼處, 行販不絶.

7 室內多掛〈綿羊引子〉畫貼, 司禮監刷印〈九九消寒詩圖〉.

8 掃舍之後, 便貼年畫, 稚子之戲耳. 然如〈孝順圖〉, 〈莊稼忙〉, 令小兒看之, 爲之解說, 未嘗非養正之一
   端也.

9 年畫的産生本來就基於民衆求生·趨利·避害的功利性愿望. 自古以來, 人們就祈求平安福貴·吉祥如
   意, 過大年·貼年畫, 旣渲染了氣氛, 又含有祝福·喜慶·豊收·吉祥之意.

10 衛公言:'北都惟童子寺有竹一窠, 纔長數尺.'相傳其寺綱維, 每日報竹平安.

11 歲時率僚屬候問起居, 見公福壽康寧, 言笑不倦.

12 海上有蟠桃, 三千霜乃熟, 一千年開花, 一千年結子.

13 東漢魏晉以來, 時或艱虞, 歲遇良吉, 及於嫁娶, 乃以紗縠蒙女首, 而夫氏發之, 因拜舅姑, 便成婚禮.

14 貼畫鷄戶上, 懸葦索於其上, 插桃符其傍, 百鬼畏之.

15 虎者陽物, 百獸之長也. 能執搏挫銳, 噬食鬼魅, 今人卒得惡遇, 燒悟虎皮飮之, 擊其爪亦能辟惡, 此其
   驗也.

16 老字號商標還常采用一些具有一定象徵意味的吉祥動物·神化物來命名自己的商標名, 這些神化物·
   吉祥物會給商品增添喜慶·華貴·幸福的韻.

17 팔대상(八大祥)은 전문(前門)과 대책란(大栅欄) 일대의 상호명에 길상을 의미하는 '상(祥)' 자
    가 들어가는 여덟 곳의 비단가게를 합칭한 말이다. 구체적으로 서부상(瑞蚨祥), 서생상(瑞生

祥), 서증상(瑞增祥), 서림상(瑞林祥), 익화상(益和祥), 광성상(廣盛祥), 상의호(祥義號), 겸상익(謙祥益)의 여덟 곳이다. 그중 현재까지 남아 있는 곳은 서부상과 겸상익 두 곳뿐이다.

18 사대항(四大恒)은 청 건륭(乾隆) 연간(1736~1795) 절강(浙江) 자계(慈溪) 출신 동(董)씨 성을 지닌 사람이 동사패루(東四牌樓)에 연 항리(恒利), 항화(恒和), 항흥(恒興), 항원(恒源)이란 네 곳의 전포(錢鋪)를 말한다. 이곳은 말 그대로 금융업을 하던 곳으로 자본을 확충한 후 시장에 은표(銀票)를 유통시켰는데, 당시 북경에서 이 은표를 몸에 지니고 다니는 것이 부자임을 알리는 일종의 표시처럼 유행했다고 한다.

19 靑蚨一名魚伯. 或曰蒲, 以其子母各等, 置瓮中, 埋東行陰垣下, 三日復開之, 卽相從, 以母血塗八十一錢, 亦以子血塗八十一錢, 以其錢更互市, 置子用母, 置母用子, 錢皆自還也.

20 山川雲雨, 四時五行, 陰陽晝夜之精, 以生五色神芝, 爲聖王休祥.

21 若人不至精久齋, 行穢德薄, 又不曉入山之術, 雖得其圖, 鬼神不以與, 人終不可得見也.

22 益心氣, 增智慧, 久食輕身不老, 延年神仙.

23 老字號的店名文化, 多數影照出一種吉祥·平安·持久·發財的心理狀態, 也反映出一種求穩·求和·凝重而又求發的價値走向.

24 上古結繩而治, 後世聖人易之以書目契.

25 引繩於絚泥中, 擧以爲人.

26 盤長, 佛說回環貫徹一切通明之謂.

27 中國銀行標志設計, 將漢字'中'的文化內涵傳達得淋漓盡致, 不愧是標志設計中的經典之作. 整體造型上, '中'字居中對稱, 體現了中國不偏不倚的'中庸'之道; 古幣與'中'字, 相融相生, 化整爲零, 體現了老子'道生一, 一生二, 二生三, 三生萬物'的博大哲學思想.

28 寓意天圓地方, 經濟爲本, 給人的感覺是簡潔·穩重·易識別, 寓意深刻, 頗具中國風格.

29 西王母其狀如人, 豹尾虎齒而善嘯, 蓬發戴勝.

30 奈瑞兒的企業標示采用'如意'形象, 寓意每位走進奈瑞兒的女性, 身心如意, 秀美順達. 同時也傳遞奈瑞兒品牌溫和價値, 以倡導廣大女性追求完美曲線和如意人生.

31 祥雲入境, 行雨隨軒.

32 出於東方君子之國, 翶翔四海之外, 過崑崙, 飮砥柱, 濯羽弱水, 莫宿風穴. 見則天下大安寧.

33 吉祥航空, 如意到家.

34 時人之家, 聞鵲聲皆以爲喜兆, 故謂喜鵲報喜.

35 昔者娰氏治水土, 而巫步多禹.

36 宮中秋興, 奴婢輩皆以小金籠貯蟋蟀, 懸於枕畔, 夜聽其聲. 於是, 民間亦效之.

37 七月中旬則有蛐蛐儿, 貴者可值數金. 有白麻頭·黃麻頭·蟹肷青·琵琶翅·梅花翅·竹節須之別, 以其

    能戰鬪也.

38 蛐蛐罐有永樂官窑·趙子玉·淡園主人·靜軒主人·紅澄漿·白澄漿之別, 佳者數十金一對.

39 京師人多養雀, 街上閑行者有臂鷹者, 有籠百舌者, 又有持小竿系一小鳥使其上者, 游手無事, 出入必

    携. 每一茶坊, 定有數竿插於欄外, 其鳥有值數十金者.

40 百囀千聲隨意移, 山花紅紫樹高低. 始知鎖向金籠聽, 不及林間自在啼.

41 客從遠方來, 遺我雙鯉魚. 呼兒烹鯉魚, 中有尺素書.

42 嵩雲秦樹久離居, 雙鯉迢迢一紙書.

43 二月驚梅晚, 幽香此地無. 依依慰遠客, 皎皎似吳姝.

44 牡丹昧辛寒, 一名鹿韭, 一名鼠姑, 生山谷.

45 北齊楊子華有畵牡丹极分明. 子華北齊人, 則知牡丹久矣.

46 南朝宋時, 永嘉水际竹間多牡丹.

47 名花傾國兩相歡, 常得君王帶笑看. 解識春風無限恨, 沈香亭北倚闌干.

48 唯有牡丹眞國色, 花開時節動京城.

49 諸葛武侯之征孟获, 人曰: '蠻地多邪術, 須禱於神, 假陰兵一以助之. 然蠻俗必殺人, 以其首祭之, 神則

    向之, 爲出兵也.' 武侯不從, 因雜用羊豕之肉, 而包之以麵, 象人頭, 以祠. 神亦向焉, 而爲出兵. 後人

    由此爲饅頭.

50 饅頭本名蠻頭, 蠻地以人頭祭神, 諸葛之征孟获, 命以面包肉爲人頭以祭, 謂之蠻頭.

51 宋朝有个叫孫琳的大夫, 爲宋寧宗治淋病, 就是用饅頭包大蒜, 淡豆豉, 每日服三次, 三日便病除, 被人

    們視爲神醫.

52 仁宗誕日, 賜羣臣包子.

53 夫餛飩之形有如鷄卵, 頗似天地混沌之象, 故於冬至日食之.

54 厝内一粒瓠, 家風才會富.

55 用胡桃·松子·乳蕈·柿·栗之類作粥, 謂之臘八粥.

56 臘者, 接也, 新故交接, 故大祭以報功也.

57 臘者, 獵也, 言田獵取禽獸, 以祭祀其祖也.

58　臘者, 逐疫迎春.

59　伊耆氏始爲蜡. 蜡也者, 索也, 歲十二月, 合聚萬物而索饗之也.

60　炎帝神農氏以其初爲田事, 故爲蜡祭, 以報天地.

61　冬至後三戌日臘祭百神.

참고문헌

『易經』(「十三經注疏」), 北京: 中華書局, 1996.

『禮記』(「十三經注疏」), 北京: 中華書局, 1996.

『史記』, 北京: 中華書局, 2002.

『隋書』, 北京: 中華書局, 2000.

이기훈, 「중국 기업의 심벌마크(Symbolmark, 標志) 속 전통문화 알아보기」, 『중국문학연구』, 한국중문학회, 2012.

이기훈, 「중국 老鋪 '라오쯔하오(老字號)'의 문화가치 탐구」, 『중국문화연구』, 중국문화연구학회, 2015.

葛洪, 『抱朴子』, 上海: 上海書店, 1926.

高承, 『事物紀原』, 北京: 中華書局, 1985.

郭璞, 『山海經』, 北京: 中華書局, 1985.

歐陽修, 『歐陽文忠公集』, 上海: 上海書店, 1926.

段成式, 『酉陽雜俎』, 北京: 中華書局, 1985.

杜佑, 『通典』, 北京: 中華書局, 2016.

郎瑛, 『七修類稿』, 上海: 上海古籍出版社, 1995.

孟元老, 『東京夢華錄』, 上海: 商務印書館, 1930.

富察敦崇, 『燕京歲時記』, 北京: 北京出版社出版, 1961.

楊雄, 『法言』, 上海: 商務印書館, 1930.

吳普 等述, 『神農本草經』, 北京: 中華書局, 1985.

王樹村, 『中國美術全集 繪畵編 21』, 北京: 人民美術出版社, 1985.

중국 길상문화

王栐,『燕翼詒謀錄』, 上海: 商務印書館, 1930.

劉若愚,『酌中志』, 北京: 中華書局, 1985.

陸佃,『埤雅』, 上海: 商務印書館, 1930.

應劭,『風俗通義』, 北京: 中華書局, 1985.

李光庭,『鄕言解頤』, 北京: 中華書局, 1982.

李昉,『太平御覽』, 北京: 中華書局出版, 1960.

曹礎基,『莊子箋注』, 北京: 中華書局, 2002.

宗懔,『荊楚歲時記』, 北京: 中華書局, 1985.

周密,『武林舊事』, 北京: 中華書局, 1991.

蒲松齡,『聊齋志異』, 上海: 上海古籍出版社, 2001.

何寧,『淮南子集釋』, 北京: 中華書局, 1998.

[漢]許愼 撰; [宋]徐鉉 校定,『說文解字』, 北京: 中華書局, 2004.

아시아문화연구소　　Asia⁺ 시리즈 1